말투를 바꿨더니
관계가 찾아왔습니다

말투를 바꿨더니
관계가 찾아왔습니다

초판 1쇄 발행 2020년 7월 15일
초판 4쇄 발행 2020년 11월 2일

지은이 김범준

펴낸이 이상순 **주간** 서인찬 **편집장** 박윤주 **제작이사** 이상광
디자인 유영준 **마케팅홍보** 신희용 **경영지원** 고은정

펴낸곳 (주)도서출판 아름다운사람들
주소 (10881) 경기도 파주시 회동길 103
대표전화 (031) 8074-0082 **팩스** (031) 955-1083
이메일 books777@naver.com **홈페이지** www.books114.net

생각의길은 (주)도서출판 아름다운사람들의 교양 브랜드입니다

ISBN 978-89-6513-610-1 03190

이 도서의 국립중앙도서관 출판예정도서목록(CIP)은 서지정보유통지원시스템 홈페이지(http://seoji.nl.go.kr)와
국가자료종합목록구축시스템(http://kolis-net.nl.go.kr)에서 이용하실 수 있습니다. (CIP제어번호 : CIP2020026588)

품위 있고 간결하게, 내 편으로!

말투를 바꿨더니
관계가 찾아왔습니다

또 만나고 싶고,
함께 일하고
싶은 사람의
말투 사용법

김범준 지음

관계는 말투에서 시작되어
말투로 완성된다

-1-

말투를 통해 관계를 만들어내는 사람들의 말은 길지 않다. 품위도 잃지 않는다. 한 칼국수 집 신발장 앞에 서투른 글씨체로 쓰여 붙어 있는 문구다.

"신발 책임집니다."

'신발 책임지지 않습니다'란 건 많이 봤다. 하지만 고객의 신발을 책임지겠다니? 의아한 나와 달리 칼국수 하나로 큰돈을 벌었다는 사장의 생각은 달랐다.

"칼국수 하나 맛있게 드시려고 여기까지 오신 손님들인데 신발까지 신경 쓰게 만든다면 그건 식당을 운영하는 사람의 자세가 아니에요."

손님과 소통하는 언어만 바꿨을 뿐인데, 관계를 변화시켰고 성공을 얻게 된 것이다.

자신이 쓰는 말투의 한계가 결국 자신이 맺게 되는 관계의 한계다. 그래서 중요하다. 불 2개가 한꺼번에 달려들어도 물 한 바가지로 깔끔하게 정리하는 '담백(淡白)'의 말투, 짧지만 품위를 잃지 않고 간결하게 상대방의 마음을 강렬하게 끌어당기는 그런 말투가 말이다. 사람을 사귀고 싶다면 말투는 마술과도 같아야 한다. 상대방에게 재미를 주는 일종의 엔터테인먼트 쇼처럼 대화를 이끌어내는 말투의 기술을 배워나간다면 우리 주변의 세상이 좀 더 편안해지고 깔끔해지고 상쾌해질 테다.

"현명한 사람은 할 말이 있기 때문에 말하지만, 바보는 말을 해야 되기 때문에 말한다."

플라톤의 이 말을 기억해두면서.

-2-

'메소드 연기(method acting)'라는 말이 있다. 배우가 극 중 배역에 완전히 몰입해 실재 인물이 된 듯 연기하는 기법을 이른다. 연기자가 정신과 육체 등 모든 면에서 드라마 속의 인물에 이입

하여 연기하는 것으로 영화 〈분노의 주먹〉(1980) 등에서 살인적 감량과 증량을 반복했던 미국 배우 로버트 드 니로가 대표적인 메소드 연기의 대가다. 그의 모습을 본 영화 팬들은 "영혼도 감량할 수 있을 것 같다"라고까지 했다. 영화 〈독전〉에서 마약밀매 조직 보스를 뒤쫓는 독한 형사 역을 맡은 한국 배우 조진웅은 또 어떤가? 한 달간 매일 달걀흰자 2개씩만 먹으며 10kg을 뺐다. 마약 흡입 연기를 위해 소금과 분필 가루를 섞어 직접 코로 들이마셨는데, 덕분에 실제로 눈에 핏발이 서고 망가진 얼굴이 나와 만족했다고 한다.

영화에서 '메소드 연기'가 영화의 질적 수준을 좌우하는 것처럼 우리의 일상에서도 '메소드 말투'가 관계의 레벨을 결정한다. 메소드 말투란 자신에게 주어진 공간에 몰입해 실제 그 인물에 가장 적합한 사람이 된 듯 말하는 것이다. 대단한 말투가 필요한 것도 아니다. 남자친구가 군대에 가게 될 때 "나는 네가 군대 생활을 통해 얼마나 더 멋진 남자로 변신할지 너무나 궁금해"라고 말할 수 있다면, 자녀가 당장 눈앞에 다가온 기말고사 준비로 고민을 할 때 "나는 네가 기말고사를 통해 부족한 점을 보충하고 잘하는 점을 확인하게 되면서 발전하기를 기대해"라고 말하며 웃어줄 수 있다면, 그 자체로 '메소드 말투'의 모델이다.

결국 관계를 이끌어내는 말투의 핵심은 간결함, 단순함, 담백함이다. 잘나가는 그들은 이미 그런 말투로 세상의 성공을 가져가고 있다. 거스 히딩크가 그랬다. 그는 '호칭'을 줄였다. 그렇게 대한민국 축구 국가대표팀의 월드컵 4강을 이끌었다. 유희열은 (알고도) '모른 체'하며 자기 말을 줄여 그렇게 대단한 사람들만 모였다는 프로그램을 이끌어나갔다. 어떻게 했을까? 모두 이 책에 소개했으니 확인하길 바란다.

그들은 '말투의 달인'들이다. 간결하게, 하지만 품위 있게 소통을 해나갔다. 결과는? 자신의 분야에서 최고의 인기를 누릴 수 있었다. 말투에도 근력이 있다면 그들의 말투 근력은 20대 청춘의 그것과도 같으며, 말투에도 바른 길을 인도하는 나침반이 필요하다면 그들의 말투야말로 '말투 바이블'과도 같았다. 그들의 말투를 배워야 하며, 또 활용해야 한다. 그렇게 관계를 시작하고, 또 그렇게 관계를 완성해야 한다.

물론 처음에는 서툴고 어색하다. 하지만 잊지 말자. 말투는 바꿀 수 있다. 그동안 무심코 내뱉던 의미 없는 말투에서 벗어나려는 노력 하나만 마음에 담아도 최소한 말 때문에 불이익을 당하는 일은 없을 것이다. 아니, '말 때문에' 생긴 괴로움이 사라지고 대신 '말 덕분에' 얻게 된 이득이 가득할 테다. 사소한 시작이라고 생각하겠지만 말투 하나에도 비전을 품을 줄 안다면 큰 변화는 저절로 찾아오게 된다. 관계의 로드맵은 가볍게 몸을 푼 말투로부터 시작된다. 괜찮은 말투를 모으다 보면 어느새 자신도 모르게 가속도가 붙은 선한 관계의 힘을 느낄 수 있을 거다.

우리의 말투가 조금은 부드러워졌으면 좋겠다. 화가 나는 상황에도, 짜증이 올라오는 순간에도 안전하게 화를 풀어내고 짜증을 다독이는 말투를 하나씩 배워나가면 우리 주변이 더 아름답고 편해지지 않을까 싶다. 그 핵심에는 나를 바라보고, 상대방을 관찰하며, 적절하게 풀어나가는 품위 있고 간결한 말투가 자리한다. 내 마음대로 움직이지 않는 후배를 보면서도 섣부른 짜증의 말 대신 "처음이지? 괜찮아. 할 수 있는 것부터 천천히 해보자"라며 짧게 격려하고 편하게 설명할 줄 아는 능력을 갖추는 그날까지 자신의 말투를 '매니지먼트(경영)'하는 우리가 되었으면 하는 바람이다.

'말투 덕분에'라고 할 기회가 많아지시기를
김범준

차 례

1장 ｜ 애쓰지 않아도 잘되는 사람은 '단순하게' 말한다

2장 | 입만 열면 손해 보는 사람의 무시당하기 쉬운 말실수

3장 | 나는 일보다 말투를 먼저 배우기로 했다

4장 | 말투를 바꿨더니 관계가 찾아왔다

1장

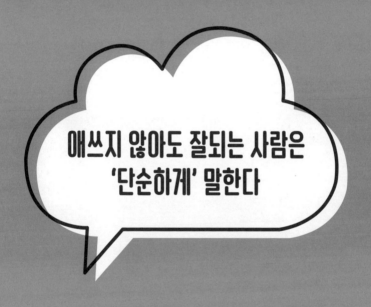

애쓰지 않아도 잘되는 사람은
'단순하게' 말한다

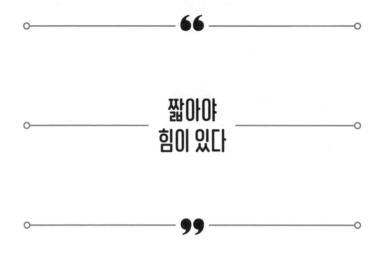

짧아야
힘이 있다

현재는 한국에서 대학교수로 재직 중인 분의 유학 시절 이야기다. 미국에서 박사과정을 밟던 때, 당시 지도교수가 학생들에게 늘 '25단어 훈련'을 시켰단다.

'25단어 훈련'이라니? 설명하면 이렇다. 교수가 수업시간에 학생들에게 어떤 질문을 했는데, 학생이 전문용어를 가득 섞어 길고 지루하게 답변을 하면 교수는 그 즉시 학생에게 요청했다.

"방금 한 이야기를 25단어 이내로 줄여서 다시 말해보세요."

그러면 학생은 자기가 했던 말을 핵심적으로 줄여, 즉 25단어

이내로 요약해 다시 답변을 해야 했다.

이러한 대화 방식은 수업시간 때만이 아니라 박사논문 주제를 이야기할 때도 마찬가지였다. 지도교수의 생각은 이랬다.

'박사논문 주제라고 해서 굳이 어렵게 말해야 할 필요는 없다. 집에 있는 나이 드신 어머니가 들어도 이해가 가능하도록 25단어 이내로 간결하고 쉽게 이야기할 수 있어야 한다.'

25단어라니! 영어의 25단어와 한글의 25낱말은 형식적·내용적으로 다르겠지만 같은 것이라고 치고 분량을 확인해보자.

동해물과 백두산이 마르고 닳도록 하느님이 보우하사 우리나라 만세 무궁화 삼천리 화려 강산 대한 사람 대한으로 길이 보전하세 남산 위에 저 소나무 철갑을 두른 듯 바람서리 불변함은 우리 기상일세 무궁화 삼천리 화려 강산 대한 사람 대한으로 길이 보전하세.

애국가를 2절까지밖에 못 불렀는데 벌써 낱말이 25개를 훌쩍 넘었다.

이쯤에서 스스로를 먼저 반성해본다. 나는 직장에서 하는 일을 영어 25단어, 아니 한글 25낱말 이내로 이야기할 수 있을까. 과연 나는 어떤 종류의 메시지라도 간결하게 핵심을 짚어내는 훈련이 되어 있는 걸까.

말이 길어진다는 건 정리가 안 되어 있다는 뜻이다. 간결하게 요약을 못한다는 건 자신에 대해, 자신의 생각에 대해, 자신의 일에 대해 잘 알지 못하는 사람이라는 걸 방증하는 셈이다. 내가 하는 일을 알리고 원하는 것을 얻기 위해서라도 우리는 간결한 대화 방식을 연습하고 활용해야 한다.

간결하고 편안하게 메시지를 전달하고 싶다면 무성의하게 아무 단어나 갖다 나열해서는 안 된다. 추상적이고 애매모호한 단어를 늘어놓을 여유가 없다. 핵심을 찌르는, 필요한 단어만으로 문장을 만들고 싶다면 말에 군더더기를 집어넣을 이유가 없다.

이렇게 핵심만 간결하게 말하기를 연습해야 하는 이유는 대화를 통해 '무엇을 얻어내기'라는 목적을 달성하기 위해서다. 얻어내는 대화를 위해 설득력 있는 말투를 사용하고자 함이다.

설득력은 어디로부터 나오는 것일까. 핵심 콘텐츠를 전달하는 말투로부터 나온다. 콘텐츠가, 말하려는 내용이 핵심적이고 뚜렷하면 스타일이 다소 투박해도 상대방의 마음을 움직일 수 있다.

반대로 아무리 유창한 말이라도, 스타일이 거창하다 하더라도, 들을 만한 내용이 없는 메시지를 갖고서는 상대방과 공감대를 형성할 수 없다. 그런 말투로는 설득이 불가능하다. 무엇인가를 얻어내기 위한 대화의 노력도 헛수고가 되기 쉽다. '대화 생산력'

이라는 게 있다면 아마 '제로(0)'에 수렴할 것이다.

요약할 만한 콘텐츠가 없다는 것은, 25낱말로 이야기를 마무리할 수 없다는 건, '대화의 힘'이 부족하다는 뜻이다. 대화의 힘은 하루아침에 쌓이지 않는다. 핵심을 꿰뚫는 메시지, 간결한 말투에서 나온다.

국회 청문회에서 재미있는 광경을 보았다. 국회의원들이 장관을 불러다 놓고 야단치듯이 "짧게, 자세하게 말하세요!"라고 하는 것이다. 짧게 자세하게 말하라니, 이건 무슨 비문인가 싶다. 소리 지르는 국회의원들의 오만한 태도가 거슬린다.

하지만 오만한 태도에 대한 거부감을 잠시 제쳐놓고 곰곰이 생각해보면, 그 말 자체는 많은 것을 시사한다. '짧으면서도 자세하게, 즉 함축적으로 메시지를 전달'할 수 있다는 것은 대단한 능력이다. 한두 줄로 간결하게, 그러면서도 전달하고자 하는 메시지를 핵심적으로 압축할 수 있을 때 설득력이 나온다.

길고 지루하게, 요점이 어디인지 알 수 없도록 써놓은 글이나 말을 접할 때면 가슴이 답답하다. 무슨 메시지를 전달하려는 것인지 당사자도 모르고 있는 건 아닐까 싶을 때가 많다. 기업이건, 상품이건, 사람이건 '왜 나를 사줘야 하는지' 그 이유를 한 줄로 설명할 수 없다면 경쟁력이 없다.

확실한 차별화로 자신을 자리매김하지 못하면 메시지 전달은 늘 힘이 드는 고통일 테다. 반드시 전달하고 싶은 중요한 메시지일수록 핵심만 간결하게, 압축 그리고 또 압축해야 한다.

"짧게, 자세하게 말하세요!"

이 말이 결코 우격다짐이 아니라, 핵심 메시지의 효과적인 전달을 의미함을 기억할 필요가 있다. 국회의원의 다소 강압적인 말투는 거슬리지만 그들이 원하는 대화의 기술에 대해서는 알아두어도 나쁠 이유가 없다. 아니, 도움이 될 테다.

간결하고 핵심적으로 말하기는 자신의 대화가 누군가에게 영향을 줄 수 있기에 더 중요한 방점이 찍힌다. 사람들은 저마다 바쁜 삶을 산다. 그 많은 사람들이 우리의 말에 주목해야 할 이유를 핵심적으로 간결하게 알릴 수 없다면 우리의 생각은 그들로부터 무관심의 영역을 향해 밀려나고 만다.

다시 스스로에게 물어보자. 내 말들이 아무런 가치 없는, 무관심으로 남아도 되는가? 아닐 것이다. 그렇다면 말을 시작하기 전에 어떻게 하고 싶은 이야기를 25낱말 이내로 줄일지 고민해봐야 한다. 결론적으로 애국가 2절, 아니 1.5절 분량 이내로 말할 수 있을 때 우리의 말에는 힘이 생긴다.

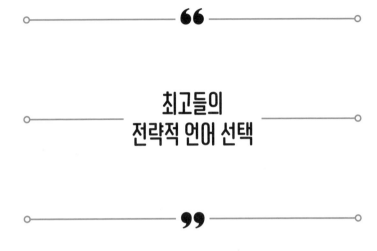

최고들의
전략적 언어 선택

복잡한 세상이다. 일상이 복잡해질수록 불필요한 것들을 솎아내야 한다. 자신에게 의미 있는 고민에만 집중하는 것도 능력이다. 정말이지, 삶이 복잡할수록 고민만큼이라도 심플해져야 한다. 그래서 나는 내 고민을 단순하게 설계하기로 결심했다.

첫 번째 방법은 말과 행동을 줄이는 것이었다. '무작정의 줄임'을 지향하는 건 아니다. 언어와 태도에 있어서 '전략적인 선택'을 하겠다고 다짐했을 뿐이다.

'전략적인 선택'이란 어떤 것일까. 이 세상 사람은 아니지만,

그런 그를 다시 소환하는 것이 맞나 싶지만 전략적인 언어와 행동의 선택에서는 스티브 잡스를 예로 들지 않을 수 없다.

10여 년 전에 스티브 잡스의 프레젠테이션을 동영상으로 접했다. 감탄했다. 짜릿할 정도였다. 그는 동영상에서 '엠피쓰리(mp3)'를 설명했다. 장황하게 이야기를 하지 않았다. 발표 내내 그는 오로지 딱 하나의 상품 '콘셉트(concept)'를 강조했다. 키워드는 '작음', 즉 'small'이었다. 처음부터 끝까지 일관되게 자기 회사 제품을 '작다' 하나만으로 설명해 나간다는 것이 대단했다. 그건 일종의 카리스마였다. 말만 그런 게 아니었다. 행동도 활용했다. 그는 청바지의 '동전포켓(?)'을 화면에 클로즈업시킨 후, 청중에게 다음과 같은 물음을 던졌다.

"과연 이 포켓은 무슨 용도로 있는 걸까요?"

사람들이 무슨 소리를 하는 건지 궁금해하는 순간 그곳에서 자기 회사의 엠피쓰리 플레이어를 꺼냈다. 그냥 보여주기만 했다. '이게 이렇게 작다고요!'라고 설명할 이유가 없음을 그는 잘 알았다. 그 후에는 어떻게 프레젠테이션을 전개했을까? 최신 기능에 대해서 구구절절 설명했을까?

아니다. 그는 당시 세계 1위 시장 점유율을 차지한 한국의 엠피쓰리 플레이어 전문기업의 것은 물론 해외 유수 업체의 제품을 모두 끄집어내어 비교했다. 비교의 기준은? 당연히 '얼마나 작은가!'였다. 타사 상품에 비해 얼마나 작고 얼마나 가벼운지에 대해서만 그는 악착같이 말했다. 그의 문장에는 'small' 혹은 'smaller'라는 단어가 끊이지 않았다.

얼마 후 한국의 어느 회사에서 비슷한 상품을 출시했다. 기능은 월등하게 나왔다. 그 회사의 임원이 나와서 상품 설명을 했다. 나는 관심을 갖고 지켜봤다. 실망했다. 장황하게 설명하느라 도대체 무엇을 말하려는 것인지 알 수가 없었다. 새로운 기능을 설명하며 수없이 많은 비교표를 제시했지만 지저분했다. 스티브 잡스가 한 프레젠테이션의 반에 반도 따라가질 못했다.

'장황함'과 '간결함'의 싸움이었다. 결과는? 스티브 잡스의 승리였다. 프레젠테이션도, 발표 후의 상품 판매에서도.

나는 그때 알았다, 말 잘하는 사람은 한 놈만 팬다는 것을.

나부터 반성해본다. 책을 쓰고 여기저기에 글을 기고하다 보니 이런저런 이유로 강연 요청도 받게 된다. 수없이 많은 강연을 해왔지만 끝난 후 뭔가 찝찝한 경우가 있는데, 그때는 대부분 강연과 상관없이 내 자랑 같은 말이 많았던 날이다. 앞에 나가 마이

크를 잡는다고 대단한 사람이 되는 것도 아닌데 '나처럼 실력 있고 많이 아는 사람의 말을 당신들은 잘 들어야 한다. 그래야 당신들이 바뀐다'는 지극히 시건방진 생각으로 강연을 진행했다.

고백한다. 그럴수록 말은 많아졌고 강연은 삐걱거렸다. 스스로에게 만족하지 못한 것은 물론이다. 그렇게 해서라도 나의 텅 빈 속을 들키지 않으려고 한 건지 지금 생각해도 부끄럽다. 말을 많이 하면 알맹이가 사라진다는 것을 왜 나는 몰랐을까.

'말 부자'는 가난하다. 하고 싶은 말이 많더라도 그 말을 마음에 쌓아두는 '마음 부자가 최고다'라는 말을 기억했어야 했다.

소음 전쟁으로 시끄러운 대화 환경이 일상이 되었다. 바빠서인지 사람들이 기다리지 못하고 말로 전쟁을 하려 한다. '빨리빨리'는 발걸음이 빠른 것이 아니라 마음이 바쁜 것이다. 마음이 바쁘니 여유가 사라지고 그사이를 무수한 말들이 점령한다.

말로 시작해서 말로 끝나는 하루 일과에 허덕이는 자신을 돌아봐야 할 때다. 세상이 복잡해질수록, 세상이 소음으로 가득해질수록, 말을 줄이면 다툼도, 불필요한 논쟁도 사라진다.

말을 줄이는 건 개인으로서 할 수 있는 나와 세상에 대한 배려다. 말 부자가 아닌 마음 부자로 살아가기 위해 언어를 전략적으로 간결하게 말하는 나와 당신이 되기를 바란다.

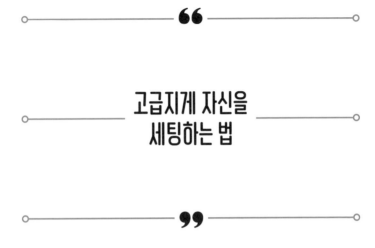

고급지게 자신을
세팅하는 법

우리는 '상류사회'의 삶을 동경한다. 어떤 게 상류의 삶일까?

일반적인 잣대로 경제력을 들 수 있다. 삶을 영위하는 기본 요소인 의식주를 최상으로 누릴 여력이 있는지 여부다. 하지만 오직 돈만이 상류의 삶을 결정하는 건 아니다. 재력의 많고 적음을 떠나 삶의 격을 높이는 방법이 얼마든지 있다.

환경을 정리하는 것도 그 사례다. 주변에서 쓰레기 같은 잡다한 물건만 없애도 간결하고 단순한 정취를 누릴 수 있다. 산만한 환경은 기운을 흩뜨리고 마음 역시 두서없게 만든다. 그런 상황에서는 자신의 모습도 값싸게 느껴진다. 적절한 주변 정리는 자신을 고급지게 만드는 방법이다.

또 하나 자신의 말과 행동 정리를 추천한다. 이 역시 돈을 들이지 않고도 '고급진' 삶을 누리는 방법이다. 말과 행동만으로도 얼마든지 자신을 '고급스럽게' 포장할 수 있다는 것, 나쁘지 않다. 비싼 집, 화려한 옷보다 더 임팩트가 있는 삶의 기술이다.

사실 정돈되지 않은 말을 하는 사람은 아름답지 않다. 신변잡기에 관한 잡스러운 말만 늘어놓는 사람, 뭔가 지저분하지 않은가? 남의 험담이 입에 가득한 사람, 피하고 싶지 않은가? 정갈하고 정돈된 환경에서 고귀한 품격이 드러나는 것 이상으로 정리되고 깔끔한 말과 행동이 한 사람의 인격을 돋보이게 만든다.

무슨 말을 할지 모르겠다면 쉬는 것도 답이다. 잘 쉬지 못하는 사람치고 일 잘하는 사람 없듯이 말도 잘 쉬어야 품격이 드러난다. 대화에도 휴식이 필요하다. 말을 잘한다는 것은 많이 하는 게 아니라 필요한 말을 적절하게 전달하는 것임을 알아야 한다.

가끔은 무의미한 커뮤니케이션으로부터 스스로를 보호해보자. 가령, 한가한 주말 저녁 시간, 오랜만에 산책을 나섰다고 하자. 그때 휴대폰 진동이 느껴진다. '카카오톡' 채팅이다. 10명이 모인 한 그룹에서 주말의 한가함을 어떻게 보내느냐는 말들이 오고간다. 당신의 대응은?

그렇지 않아도 심심했다면 채팅창을 열고 손가락을 움직여도 된다. 하지만 오랜만에 자신만의 시간을 갖고 있었다면? 간단하다. 채팅창에 이렇게 메시지를 남겨라.

"지금 급한 볼일이 있어서 나갈게요. 즐거운 시간들 되세요."

괜히 하고 싶지도 않은 채팅을 하다가 귀찮다는 듯한 태도를 보이느니 아예 대화에 참여하지 않는 것이 낫다. 할 말이 없는데 굳이 누군가의 대화에 휩쓸렸다가는 실수나 하게 된다.

특별한 말센스가 없음에도 굳이 이런저런 대화에 무차별적으로 참여하는 우매함을 선택할 이유가 없다. 그렇게 끼어봐야 영양가 없는 말만 하며 시간을 보내기 쉽다. 허튼 말로 괜히 자신의 품격만 깎아내리게 된다. 그럴 바에는 차라리 대화 그 자체에서 빠져라. 스스로를 지켜내는 일상의 기술이다.

고급 말투를 쓰는 사람은 말의 내용 이상으로 형식면에서도 친절하고 따뜻하다. 조용하되 미소를 가득 담아 말할 줄 아는 사람은 품격 있어 보인다. 이런 사람을 만나면 기분이 좋아진다. 사랑스럽고 아름다워 보인다.

언젠가 저녁식사를 하러 들어간 분식집에서 내 자리에서 멀리 떨어지지 않은 곳에서 대화를 나누던 딸과 엄마가 그러했다. 열 살 남짓한 딸을 사랑스러운 눈으로 바라보며 미소를 가득 담은 얼굴로 조용히 말을 건네는 엄마의 모습은 아름다움 그 자체였다. 무슨 말이 오가는지는 들리지 않았지만 '고급지다'는 게 바로 이런 것이구나, 할 정도였다.

요즘 세간에서 많이 회자되는 말이 힐링과 명상이다. 둘 다 스스로를 되돌아보며 나를 찾아보는, 자신의 본질을 사랑하는 과정이다. 그런데 힐링과 명상은 꼭 조용한 절간에 들어가야만 가능하다고 생각하는 사람들이 있다. 아니다. 그저 적절하게 말수를 줄일 줄만 알아도, 남의 말을 들어주는 것에 집중할 줄만 알아도 웬만한 힐링과 명상이 부럽지 않다.

마음이 가난한 사람은 말이 많다. 마음이 풍요로운 사람은 말이 간결하다. 대화의 과정에서 자신이 절제해야 할 때를 알고 또 그것을 실천한다. 말센스가 있기에 오히려 누구를 함부로 설득하려 들지 않는다.

'고급진' 말투를 자유자재로 활용하고 싶다면 너저분하게 내뱉어지는 말들을 정리하는 것에서부터 시작할 일이다.

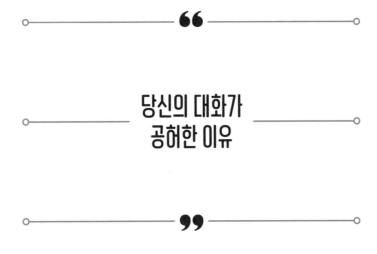

당신의 대화가
공허한 이유

미국 대통령 도널드 트럼프, 그의 말은 거칠다. 그런데 미국 국민의 50% 내외가 여전히 그를 지지한다. 도대체 길거리 언어와도 같은 그의 말에 무슨 힘이 있는 걸까?

'짧다'가 해답이다. 트럼프는 자칭 '140자 헤밍웨이'라고 한다. 트위터에서 한 트윗에 쓸 수 있는 최다 글자 수가 140자다. 그는 140자 한도 내에서 간결하게 복잡한 문제를 단순화시킬 줄 안다. 그의 짧은 말이 힘을 발휘한다. 물론 미국 대통령이라는 지위 자체가 그의 말에 힘을 주는 것도 사실이지만.

알맹이 없는 말은 공허하다. 공허하면 식상하다. 그런데 식상한 말, 공허한 말, 즉 알맹이 없는 말을 우리는 시도 때도 없이 한다. 다음 문장을 보자.

"최선을 다해 그 문제를 처리할 수 있도록 가능한 모든 조처를 취하겠습니다."

이 문장을 들었다고 해보자. 이 말에서 무슨 정보를 얻을 수 있는가. 물론 특별하게 반박할 만한 말은 아니다. 그렇다고 귀에 쏙쏙 들어오는 말도 절대 아니다. 우리의 말들이 이래서는 안 된다. 자신의 말을 소통의 도구로 제대로 활용하고 싶다면, 말을 통해 원하는 그 무엇을 얻어내고자 한다면 '최선을 다해'나 '가능한 모든 조처' 등의 쓸모없는 말은 과감하게 줄여야 한다.

물론 가끔은 어쩔 수 없이 무의미하다고 생각되는 말도 하는 경우가 있다. 특히 상대방을 잘 알지 못할 때 일단 친근감을 형성하려는 과정에서 나온다.

"날씨가 춥죠?"

"재미있는 일이 없네요. 요즘 모든 게 귀찮기만 해요."

"어제 프리미어리그 축구 보셨어요?"

내가 누군가를 처음 만났을 때 어색한 분위기를 깨기 위해 했던 말들이다. 상대가 한마디라도 더 자신의 이야기를 털어놓도록 환경을 설계하기는커녕 오히려 상대의 말하려는 의욕을 떨어뜨리는 경우였다.

'닫힌 대화'가 아니라 '열린 대화'로 유도하기 위한 방법을 고민했어야 했다. '나 중심'이 아닌 '상대방 중심'의 말을 할 줄 알아야 했다. 날씨가 춥다? 그래서? 세상이 재미없다고? 그래서? 어제 축구를 봤냐고? 그래서?

'아이스 브레이킹(ice breaking)'이라는 단어가 있다. 사람들이 처음 만났을 때 어색함을 누그러뜨리는 방법이다. 여기에도 기술이 필요하다. 아니, 기술 이전에 상대방을 대하는 태도가 중요하다. 따뜻한 관심이 있어야 한다. 당신이 직장인이라고 해보자. 파트너 회사를 방문했다. 그때 쓸데없고 무의미한 날씨 타령 혹은 취미 타령보다는 이런 말을 하면 어떨까?

"회사에서 상품 캠페인에 '올인(all-in)'하는 것 같더라고요. 고생 많으시죠?"

"사무실 환경이 쾌적합니다. 저도 이런 곳에서 근무하고 싶어요."

"급하게 오신 걸 보니 회의 중이셨나 봅니다. 핵심만 간단하게 말씀드리겠습니다."

어려운 일이 아니다. 상대방에게 기본적인 관심만 가져도 가능하다. 상대방의 사무실에 들어서서 한 번 '관심 있게' 둘러보는 것만으로도 보다 편안하게 이야기할 소재를 찾아낼 수 있다. 상대가 건네준 명함만 갖고도 얼마든지 말을 이어갈 수 있다.

"회사가 선릉역 부근에 있네요. 저도 그쪽에서 근무했습니다."

"영업팀장님이면 영업사원들 관리가 보통 힘들지 않으시겠어요."

"아, 여기 다니시는군요. 저도 이 회사 제품을 사용합니다."

"링크드인 계정이 있으시네요. 저와 친구 맺으시죠. 신청해도 될까요?"

어떤가? 상대에게 부담감을 주지 않는 범위 내에서 얼마든지 대화다운 대화를 시작할 수 있지 않은가.

공허한 말을 하지 않으려는 노력이 필요하다. 무언가를 말한다는 것은 곧 무언가를 한다는 뜻인데, 말을 하고서도 더 이상 할 수 있는 게 없다면 애초부터 말을 하지 않는 게 맞다. 하지도 못할 것을, 할 수도 없는 것을 하겠다고 말해놓고서 그 말에 책임을 지지 못하고 이리저리 방황하는 것만큼 추한 것도 없다.

해야 할 말을 못하고 있다고 성급하게 생각해 내어 아무 말이나 건네는 일은 삼가야 한다. 상대방에게 피로감을 주는 알맹이 없는 말이다. 타인에 대한 괜한 험담 등을 늘어놓는 일도 마찬가지로 절대 삼가야 한다. 법정 스님의 말씀이다.

"말을 아끼려면 가능한 타인의 일에 참견하지 말아야 한다. 어떤 일을 두고 아무 생각 없이 무책임하게 타인의 험담을 늘어놓는 것은 나쁜 버릇이고 악덕이다."

정말 하고 싶은 말, 딱 그것을 말할 수 있어야 한다. 잘 모르겠다면 자신의 생각이 상대방에게 잘 전달되었는지 확인하는 것도 대화의 기술을 높이는 방법이니 참고하자. 이렇게.

"내 말이 어떻게 들렸어?"

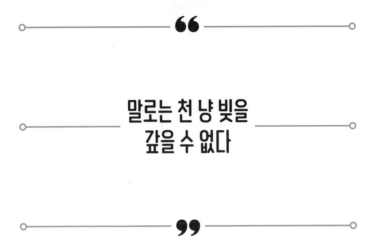

⊙ 말의무서움 ⊙

말로는 천 냥 빚을
갚을 수 없다

대부분의 사람은 말에 대한 속담의 첫 번째로 이것을 언급한다.

"말 한마디로 천 냥 빚을 갚는다."

말로 빚을 갚는다? 괜찮은 이야기다. 이 시대가 어떤 시대인가? '돈이 모든 것'인 때다. 그러니 말 한마디로 빚을 갚는다면 꽤 괜찮은 일이다. 하지만 누군가는 이 속담을 이렇게 풀이했다.

"빚을 갚으면 남는 게 무엇인가. 빚이란 마이너스(-)다. 마이너스를 메운다면? 플러스(+)가 아니다. '제로(0)'다. 이제 다시 시작인 것이다. 결국 이 속담의 핵심은 말을 함으로 인해 무엇인가를 더 얻는다는 게 아니다. 기존의 부채를 청산할 수 있다는 소극적 의미에 불과함을 잊어서는 안 된다."

생각해보니 정말 그렇다. 실제로 말에 대한 속담들은 말로 인한 이득을 말하기보다 말 때문에 생기는 해악을 경고하는 경우가 훨씬 많다.

- 낮말은 새가 듣고 밤말은 쥐가 듣는다.
- 혀 밑에 도끼 들었다.
- 곰은 쓸개 때문에 죽고 사람은 혀 때문에 죽는다.
- 말 많은 집은 장맛도 쓰다.
- 말로 온 동네 다 겪는다.
- 말 속에 뼈가 있다.
- 예쁜 얼굴 값, 말로 깎는다.
- 관 속에 들어가도 막말을 마라.

말을 잘한다는 건 만만치 않은 일이다. 말하는 사람의 정체성과 신념을 드러내기 때문이다. 잘해야 본전이고 잘못하면 극심한 손해를 본다. 말 한 번 잘못해서 모든 것을 잃어버리는 사람들이 얼마나 많은가. 언어의 근육을 제대로 만들어내지 못한 사람이 함부로 말을 하다가는 불명예스럽게 퇴장할 일만 남게 된다.

특히 '간절함'이라는 단어를 기억하자. 간절함은 내가 원하는 것을 얻어내고야 말겠다는 욕심이 아니다. 말에 있어서의 간절함이란 상대방에 대한 관심과 배려를 극한으로 몰고 가는 치열함이다. 간절함이 있는 사람은 말을 함부로 하지 않는다. '잘해봐야 본전'인 말의 속성을 알기에 단 한마디의 말조차 스스로 통제할 줄 안다.

말의 무서움을 알아차린 사람은 함부로 자신의 말을 세상 밖으로 내보내지 않는다. 대화를 시작하기에 앞서 상대방에게 관심을 둘 줄 안다. '관심'을 확장하여 '관찰' 수준까지 가야 언어의 묘미를 아는 사람이다. 상대가 아니라 상대가 '가진 것'에 대한 관심으로 접근하는 대화는 저급하다. '말할 줄 안다'는 것은 가볍기 이를 데 없는 말기술을 사용하는 게 아니라 '상대방에 대해 내가 아는 것이 무엇인가?'를 아는 것과 같다. 《논어(論語)》에 이런 말이 있다.

"아는 것을 안다고 하고, 모르는 것은 모른다고 하는 것,
이것이 바로 앎이다."

마찬가지다. 대화 상대방을 내가 잘 모름을 인정하고 상대방에게 다가서는 것, 이게 바로 대화의 시작이 되어야 한다.

상대방에 대해 잘 알지도 못하면서 내가 원하는 것을 함부로 말하는 것은 '대화적 범죄'다. 그러니 본격적으로 커뮤니케이션을 하기 전에 스스로에게 물어봐야 한다.

"나는 상대방에 대해 무엇을 알고 있는가."

말로 경쟁하는 시대가 왔다고 한다. 단순히 개인 간의 문제가 아니라 국가적 문제라고까지 할 정도다. 전 문화부 장관이었던 이어령은 "국가 간 경쟁에 있어서 군사력, 정치력만큼이나 언어의 힘, 즉 언력(言力)이 중요한 시대다"라고 말했다.

소통의 창구는 결국 언어다. 하지만 오로지 말의 긍정적 힘만을 생각하고 함부로 말하기보다는 말 때문에 얻게 될 문제점을 우선 고민했으면 한다. '말 한마디로 천 냥 빚을 갚아봤자 본전'이라는 마음가짐, 허투루 넘길 게 아니다.

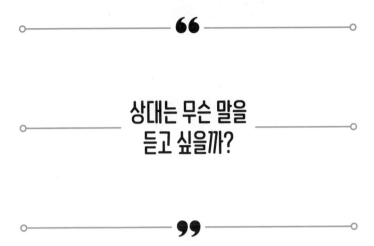

상대는 무슨 말을
듣고 싶을까?

여섯 단어로 된 소설이 있다?

"For sale: Baby shoes. Never worn."

(판매: 아기 신발. 한 번도 안 신었음)

지금까지 이 세상에 알려진 것 중에서 가장 짧은 소설이 어니스트 헤밍웨이가 쓴(혹은 썼다는) 바로 이 글이다. 친구들과 식사를 하다 가장 짧은 소설을 쓸 수 있는지 10달러를 걸고 내기를 했을 때 그가 냅킨에 써냈다는 것이다.

이 짧은 소설이 주는 울림은 결코 작지 않다. 상상만으로도 가슴이 뭉클해진다. 슬픔이 밀려온다. 아이를 가진 엄마의 기쁨과 설렘, 태어날 아기가 신을 신발을 고르는 즐거움, 드디어 태어난 아이를 품에 안은 감동…. 하지만 정성껏 준비한 새 신발을 신어보지 못한 채 세상을 떠난 아이와 부모의 애통한 마음….

이를 긴 소설로 써내려갔다면 글쎄, 이 정도의 감동이 있었을까? 줄여냈기에 더 큰 감동을 주는 언어의 매력을 우리의 말투에도 적용해보면 어떨까. 말은 길어질수록 듣는 사람을 피곤하게 한다. 피곤은 짜증만 불러온다. 진정 원하는 것을 얻기가 힘들어진다. 말을 많이 할수록 많은 것을 얻을 수 있다는 잘못된 선입견과 싸워야 할 이유다. 그렇다면 어떻게 해야 할까?

말 하나에 작고 구체적인 것 하나만 얻겠다고 생각한다. 그것만으로도 우리의 말은 상대방에게 편하게 들릴 수 있다. 목표가 소박할수록 오히려 그것을 이루어내는 힘은 강해진다.

회사의 어느 부서에서 회식 장소를 정한다고 해보자. 다음 두 가지 중 어느 것이 대화의 목표에 도달할 확률이 높을까?

질문 ① 뭐 먹을까? 김 대리는 뭐 먹고 싶어? 이 과장은 집에서

가까운 곳이 좋지? (×)

질문 ② 뭐 먹을까? 일단 회사에서 걸어갈 수 있는 곳으로 장소를 잡는 게 어떨까? (○)

우리의 말은 ②와 같아야 한다. 말을 잘하고 싶다면 말을 통해 얻고자 하는 범위를 좁혀야 한다. 장소와 시간, 그리고 개인의 취향까지 '모두' 고려해서 회식 장소를 정하다 보면 중구난방으로 의견이 나온다. 대신 심플하게 제한을 설정해두면 시간이나 메뉴에 대한 고민이 금방 결론이 나게 마련이다.

말은 '많이 + 정신없이' 하는 게 아니다. '적게 + 핵심만' 말해야 한다. 불필요한 말들을 제거할수록 언어에 힘이 생긴다.

"내가 가진 많은 것들을 쏟아 부으면 성과를 얻는다."

이렇게 생각해서 말을 많이 하려는 욕심을 버리는 게 맞다. 다음 사례에서 점원의 말에 집중해보자.

고객: 의자를 사러 왔습니다.

점원: 의자요? 이게 좋습니다. 요즘 북유럽에서 유행 중인 모델이고요….

고객: 아니, 아이 책상 의자로 사용할 거라 저렴했으면 합니다.

점원: 요즘에는 가격보다는 기능이죠. 브랜드도 중요합니다. 이거

별로신가요?

고객: 네, 말씀드렸듯이 아이 의자라.

점원: 그럼, 이 의자 어떠세요? 책상과 한 세트로 할인 판매 중인데 이 기회를 놓치시면….

고객: ….

자기가 하고 싶은 말만 앵무새처럼 읊어대는 점원을 보며 고객은 어떤 마음을 가질까? 대화를 더 나누고 싶어질까? '열심히' 설득하는 것, 인정한다. 하지만 '잘' 설득하는 게 더 중요하다.

지금은 팔아야 생존하는 시대다. 그렇지만 아직도 사려는 사람(수요자)의 생각을 염두에 두고 판매하는 사람(공급자)은 흔치 않다고 한다. '판매 매뉴얼'에 따라 기계적으로 영업하는 세일즈 기법이 유행하다 보니 상대방을 진심으로 생각하는 대화법에 소홀해진다. 앞의 사례에서 점원이 말하는 것처럼.

내가 말하려는 게 백 가지면 그중 아흔 가지 이상을 제거하고 나머지 10만 말할 수 있어야 한다. 상대방이 듣고 싶은 핵심 내용, 단 하나를 말할 줄 아는 절제가 필요하다. 당신의 말을 들어주는 상대는 마음이 급하다. 혹시 당신이 소위 갑(甲)이 아닌 을(乙)의 입장이라면 용건만 간단히, 해야 할 말을 임팩트(impact) 있게 전달하는 연습을 하자.

어떻게 해야 할까? 기억해야 할 것은 단 하나다.

"말은 길어지면 지루하다."

다음 두 가지 사례 중 어느 것이 상대방에게 효과 있는 말인지 이제 당신도 잘 알 것이다. 노트북을 판매하려는 사람의 말하기로 어느 쪽이 적합할지 선택해보자.

사례 ① 아이 학습용을 원한다고 하셨죠? 이게 최신 모델입니다. 이 노트북은 디스플레이와 사운드 등 성능을 강화하고 휴대성을 개선했으며, 인텔 3세대 i7 쿼드코어 프로세서와 16GB 메모리를 지원하고, 램 가속 기술을 적용했습니다. 그뿐인 줄 아세요? AMD의 신형 그래픽카드 라데온 HD 8870M을 내장해 기존 제품과 견줘 70%가량 그래픽 성능이 향상됐고요, 이에 따라 영화 감상 시 끊김이 없는 것은 물론, 풀HD 해상도의 동영상 편집과 고해상도 게임 실행이 가능합니다. 캠핑이 유행이라던데, 자주 가시나요? 이 제품은 풀HD 해상도의 178도 광시야각 화면을 탑재했으며, 화면 밝기는 300니트(nit)로 야외에서도 화면을 보는 데 무리가 없습니다. 4W(와트) 출력의 JBL 스테레오 스피커 두 대를 장착했으며, 베이스 부스트 기술을 제공해 저음 영역의 사운드 성능도 뛰어납니다. 한 번 충전하면 최대 열한 시간 삼십 분 사용할 수 있으며 두께는 20.9밀리미터로 얇은 편이죠. 어떠세요?

사례 ② 아이 학습용을 원한다고 하셨죠? 학습용으로는 이 노트북이 최근에 가장 잘 나갑니다.

거창한 명분을 붙이지 말고 상대가 듣기 원하는 핵심만 말해도 된다. 그게 세련된 말하기다.

왜 말을
줄이지 못할까?

문제를 하나 풀어보자.

> **다음 중에서 더 어려운 것을 고르시오**(반드시 골라야 한다).
>
> ① 말을 하는 것
>
> ② 말을 하지 않는 것

무엇을 골랐는가? 여자는 하루 평균 2만 5,000개 단어를, 남자는 1만 개를 말한다고 한다. 이렇게 사람들은 말을 많이 한다. 그러니 말을 하고 싶어도 하지 못하는 상황, 예를 들어 선배가 '꼰대 발언'을 계속하는데도 묵묵히 듣고 있어야 하는 특별한 상황이 아니라면 대부분의 사람은 '말을 하지 않는' 게 더 어렵다. 하고 싶은 말을 참고 하지 않는 건 일종의 '인내'의 영역이기 때문이다. 말을 하는 건? 그건 자연스러운 본능의 분출이다.

인위적으로 말을 참아내야 하는 인내보다는 본능적으로 후련하게 말을 세상에 내뱉는 욕망의 분출이 쉬운 것은 당연하다. 자, 이제 문제를 하나 더 풀어보자.

다음 중에서 더 어려운 것을 고르시오(반드시 골라야 한다).

① 말을 하지 않는 것

② 말을 줄이는 것

이번에는 또 무엇을 골랐는가?

말을 하지 않는 것도 어렵지만 줄이는 것 역시 참 어렵다는 걸 이 문제를 풀어보면서 저절로 생각하게 될 것이다. 어떤 사람에게 '말을 줄이는 것'은 불가능에 가깝다. 말을 하지 않는 것이 '인내'의 영역이라면 말을 줄이는 것은 '고통'의 영역이다.

말을 줄인다는 것은 말하고 있는 대화 상황을 장악할 능력이 스스로에게 있다는 뜻이다. 혹시 말을 하다 말고 '내가 좀 말이 많은 것 같다, 이제부터 줄여야지' 하고 생각하면서 스스로 말을 줄였던 기억이 있는가? 쉽지 않다. 스스로 말이 많다는 것을 알아채는 것도 어렵고, 그다음 말을 줄이겠다며 실행에 옮기는 것은 더욱 힘들다. 대부분 "왜 그렇게 말이 많아요?"라는 말을 듣거나 같은 뜻의 상대방 얼굴 표정을 본 후에야 비로소 말을 줄인다.

말을 할 때마다 상대방이 지루해하는 표정을 봤거나, 말을 건넬 때마다 상대방이 은근슬쩍 피하는 상황이 있었다면, 그런 일들이 생각보다 자주 발생했다면 지금 필요한 것은 유창한 말하기나 촌철살인의 말센스보다 말을 삼가는 능력 기르기다. '말 줄이기'가 아니라 일단 '말을 하지 않는 것'을 목표로 해야 한다는 뜻이다. 침묵은 말로 인해 생기는 모든 문제를 해결하는 출발점이기 때문이다. 어느 날 지인분이 고민을 하소연해왔다.

"저는 제가 생각해도 말을 참 많이 합니다. 말을 줄이려고 노력했는데 안 되더군요. 말이 많으니 진짜 별말을 다 하게 됩니다. 물론 말을 많이 해도 실수만 안 하면 된다고 생각합니다만, 결국 갈등 상황을 만들고 나서야 말이 끝나는 경우가 한두 번이 아니더라고요. 남는 건 늘 후회와 고통뿐입니다. 어떻게 해야 할까요?"

이분에게 내가 해줄 수 있는 말은 단 한 가지였다.

"스스로 대화의 주제가 무엇인지 생각하며 말하고 있으신가요? 이때 중요한 건, 대화의 방향이 뭔가 이상하게 흐른다 싶을 때 곧 바로 멈추는 겁니다. 쉽지 않으시죠? 그렇다면 침묵과 친해져보세요. 말이 많다는 것을 스스로 깨달은 분이시니 분명 침묵도 잘 할 수 있을 겁니다."

그에게 '침묵에 익숙해지는 상황'을 자주 만들라고 권했다. 말이 욕망의 분출이라는 점에서 꼭 필요한 것은 맞지만, 타인에게 불편함을 느끼게 하고, 끝내 갈등까지 야기한다면 그건 매우 이기적이고 일방적인 대화 모습이다.

지인은 '침묵에 익숙해지는 상황'이란 단어가 추상적이라며 좀 더 쉬운 설명을 바랐다. 그래서 예를 들어주었다.

① 카페에서 친구와 대화할 때 음료를 한 모금 마신 후 20초 뒤에 입을 연다.
② 상대의 말이 끝나기 전에는 절대로 말을 끊지 않는다.
③ 한 문장으로 말을 끝낸다.

이와 같은 '수칙'을 정해두라고 권했다. 가능하면 자주 일어나는 대화 상황을 '목록화'하고 스스로 규칙을 정하라고 말했다.

말로 인하여 얻는 것보다 잃는 것이 많다고 생각한다면, 이 정도는 충분히 해볼 만한 도전의 영역이다. 말하기는 늘 조심해야 한다. 가능하면 말을 줄여나가는 습관을 기르자. 하지만 간결하게, 줄여서 말하기를 습관화하기가 어렵기 때문에 말을 되도록 하지 않는 방법을 활용해봄이 어떨까 한다. 카페에서 누군가와 대화할 때 자신의 말을 쏟아내는 대신에 커피를 입에 머금고 20초 기다리는 습관부터 시작해본다. 그것만으로도 말 때문에 실수하는 일이 줄어든다.

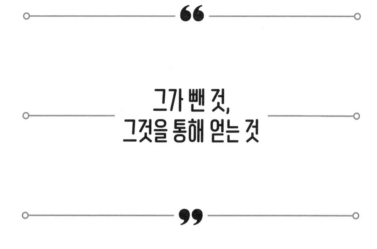

그가 뺀 것,
그것을 통해 얻는 것

18년이 흘렀지만 잊기 힘든 한 외국인의 이름이 있다. 2002년 한일 월드컵 당시 대한민국 축구대표팀을 이끈 외국인 감독, '거스 히딩크'다. 그의 말은 연구해볼 만하다. 제대로 연구하고 배워서 활용하고 싶을 정도다. 짧지만 임팩트가 있어 한때 '히딩크 어록'이 돌아다닐 정도였다.

• 외국 강팀에게 열등감을 가져서는 안 된다. 한국은 어떤 팀과도 해볼 수 있는 가능성을 지녔다.

- 반드시 이긴다는 강인한 마음가짐이 중요하다. 때로는 사고 뭉치가 필요한데 아무도 악역을 떠맡지 않는다.
- 제대로 해보고자 어려운 길을 돌아왔다. 비난도 많이 받았다. 하지만 결국 틀리지 않았다.
- 나는 여전히 배가 고프다.

인터뷰 순간마다 그의 간결한 말은 국민들을 사로잡았다. 유려했고 아름다웠으며 격정적이었다. 그의 말 자체가 '대화의 힘이란 무엇인가'를 보여주는 교과서였다.

2002년 당시 월드컵 멤버였던 이천수 선수가 한 언론사와 인터뷰를 할 때 히딩크에 관한 일화를 말했다. 간결하고 효율적인 언어의 활용을 중시하는 히딩크 감독의 특징이 고스란히 드러나는 이야기였다.

대표팀이 유럽 원정 경기를 치를 때였다. 호텔 식당에서 밥을 먹기 전 히딩크 감독님이 날 부르기에 재빨리 달려갔다. 막내인 내가 히딩크 감독에게 달려가자 홍명보 선수를 비롯한 형들도 무슨 일인가 유심히 지켜보았다. 히딩크 감독은 대뜸 이런 주문을 했다.

"'명보!'라고 해라."

난 당혹스러운 표정을 지으며 되물었다.

"감독님, 뭐라고요? '명보'라고 하라고요?"

히딩크 감독은 고개를 끄덕였다. 방법이 없었다. 난 당시 주장인 홍명보 형을 향해 외쳤다.

"명보!"

순간 식당에는 난리가 났다.

_〈스포츠서울〉(2014년 6월 4일)

당시에 이천수 선수는 대표팀에서 가장 나이가 어렸다. 이런 그에게 최고참인 홍명보 선수를 이름으로 막 부르게 하는 히딩크의 아이디어가 멋졌다. 생각해보자. 순간적으로 수많은 상황이 전개되는 운동장에서 "명보 형, 여기로 공 주세요!"라고 이야기하면 얼마나 비효율적인가? 긴박한 상황에서 무슨 존칭인가!

물론 이때 잘 받아준 당시 주장 홍명보 선수의 마음 씀씀이도 훌륭했다. 멋쩍어했던 이천수 선수의 긴장을 풀어주었다고 한다.

"천수야, '명보!' 소리에 임팩트가 좀 있더라. 너 그거 진심이지? 말해봐, 하하."

말을 간결하게 했던 것이 우리나라 국가대표팀이 기적과도 같이 이탈리아, 스페인 등을 제치며 4강에 간 이유 중의 하나라고 해도 괜찮지 않을까 하는 생각을 해본다.

기적의 비결은 짧으면서도 간결한 말의 활용에 있었다. 늘어지는 말은 지루하며 비효율적이다. 간결한 말은 구체적이며 효율적이다. 성과를 얻어내기 위해서 시간을 아끼는 기술이기도 하다. 세계 최고의 선수들이 기량을 겨루는 월드컵 무대에서 선배랍시고 이래라 저래라 하고, 후배는 이를 고스란히 따르기만 한다면 현장에 맞는 팀플레이는 불가능했을 거다.

"개가 짖는다고 해서 용하다고 볼 수 없고, 사람이 떠든다고 해
서 영리하다고 볼 수 없다."

이 말처럼 히딩크 감독은 하라는 대로만 하지 않고 제 생각과 다르다면 언제든 다른 의견을 제시하고 따질 건 따지기를 원했다. 그는 상대방의 말을 들을 줄 알았고, 간결하게 말할 줄 아는 대화의 달인이었다.

위대함은 말이 짧을수록 가까워진다. 말이 짧으면 한정된 시간 안에 더 많은 대화가 오갈 수 있고, 결정과 행동이 빨라지니 효율성도 높아진다. 물론 일상생활에서 아무에게나 무례하게 반

말을 하라는 건 절대 아니다. 상대방에게 의례적이고 소모적인 표현을 요구하거나, 그 표현을 좋아하지 말자는 거다.

간결함이, 그리고 단순함이 대화의 생산성을 높인다.

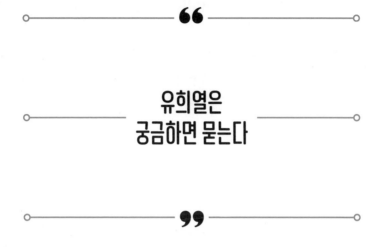

유희열은
궁금하면 묻는다

'말을 잘하고 싶다'는 사람이 너무나도 많다. 그래서 다들 말, 대화, 커뮤니케이션 관련 책을 읽는다. 기업체에서는 비싼 돈을 들여가며 커뮤니케이션 전문가를 불러 직장 내 소통에 대한 교육을 전 구성원을 대상으로 실시한다. 그래도 말 때문에 자신이 능력보다 평가절하되고 있다는 피해의식을 가진 몇몇은 스피치 학원이다 뭐다 해서 또 다른 방법을 강구한다.

하지만 말에 관한 건 늘 어렵다. 말 때문에 불이익을 받는 경우가 반복된다. 나 역시 그랬다. 스스로를 내성적이고 소심하다고 여기면서 내가 뱉은 말 때문에 고민한 경우가 얼마나 많았는지 모른다. 그러면서도 끝까지 내 말을 누군가에게 하고 싶어서 머뭇거리다가 답답해한 적은 또 얼마나 많았는지. 결국 내뱉게 된 나의 말로 누군가에게 상처를 준 것 역시 얼마나 될지…. 미안함과 부끄러움이 뇌리를 스쳐간다.

어느 날 내가 개인적으로 '선생님'으로 모시는 한 분이 페이스북에 올린 글이 말, 대화, 커뮤니케이션에 관해 하나의 깨달음을 주었다. 그분은 이렇게 한 줄을 썼다.

"내가 모르는 것이 있는 곳으로 가자."

수없이 강연 요청을 받고 강의를 하는 분이, 그 누구보다도 책을 많이 읽고 나름대로 정리하여 상식과 지혜가 충만한 분이, 수준 높은 인문학 책을 여러 권 쓴 분이 '자신이 모르는 것이 있는 곳을 찾겠다'라고 올린 게 무슨 의미인지 얼핏 감이 오지 않았다. 댓글로 물어보았다.

"선생님이 모르는 것이 있는 곳으로 가셔야 한다면 저 같은 사람은 하루 종일 이곳저곳을 헤매야만 합니다. 선생님에 비하면 정말 아무것도 모르는 사람이니까요."

그분은 나의 '투정 섞인' 댓글에 이렇게 답했다.

"'내가 모르는 것이 있는 자리로 가자'란 말은 '누군가의 말을 듣겠다'는 의지의 표현입니다. 알면 알수록 내가 모르는 것을 인정하고 부족한 부분을 채우기 위해 내가 모르는 것을 아는 사람들에게 용기 있게 물어보고, 또 그것을 듣는 연습이 필요합니다. 내 생각에 지금이야말로, 그 모르는 것이 있는 곳으로 가서 씨앗을 뿌려야 할 때입니다. 지금 씨앗을 뿌리지 않으면 미래에는 아무것도 얻을 수 없을 테니까요."

TV 프로그램 〈알쓸신잡〉을 재미있게 시청했다. 음식 평론가, 정치 평론가, 과학 평론가, 소설가 등 쟁쟁한 지식의 소유자들이 모여 다양한 의견을 나누는 지식의 향연이다.

나는 그들 중 유희열이 가장 기억에 남는다. '자신이 모르는 것을 아는' 겸손한 대화의 자세가 눈에 들어왔다. 다른 출연자들이 강의를 하듯, 지식을 뽐내듯 말을 쏟아낼 때, 유희열의 말은 짧고 단순했지만 아름다웠다.

"대단하다."

"어떻게 그런 것도 아시냐."

그의 말을 듣는 것만으로도 마음이 힐링되었다. 자신을 한껏 낮춰 상대방의 말을 끌어내는 것을 보면서 유희열이야말로 언어의 달인이라는 생각이 들었다. 화려하지 않지만 그 어떤 사람보다도 마음에 와 닿는 언어를 잘 사용했다.

남의 이야기를 적극적으로 듣고 궁금해하는 유희열의 대화 자세가 진짜 말 잘하는 사람의 모습이 무엇인지를 말해주는 듯했다. 그의 절제 가득한 말에서 대화의 기본, 아니 대화의 완성이 무엇인지를 깨닫게 되었다.

유희열의 겸손한 태도, 절제된 말투에서 한 수 배운다. 전문용어를 사용하지 않았음에도, 혀를 굴리며 영어를 쓰지 않았음에도 그의 말에는 품격이 가득했다. '적은 것이 오히려 많은 것(less is more)'이라는 말처럼 그의 간결한 말투는 관능적이기까지 했다.

유희열의 인기비결은 단순하고 간결하지만 동시에 부드럽고 겸손한 그의 말투에 있었다.

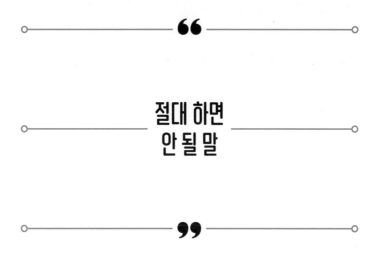

⊙ 대화다이어트 ⊙

절대 하면
안 될 말

인간관계의 핵심은 대화다.

그런데 대화에 능숙한 사람이 드물다. 여기서 아이러니한 일이 생긴다. 대화 그 자체를 잘하는 것만으로도 남들과 차별화할 수 있다는 것이다. 괜찮은 말투를 지닌 것 자체가 일종의 역량 있는 사람으로 인정된다.

대화에 능숙한 사람은 경쟁에서 이기는 조건을 만든 것이나 다름없다. 타인과 차별화되는 말투를 사용하는 사람은 '말 다이어트'에 익숙하다. 핵심은 '해서는 안 될 말을 끝까지 하지 않는 것'이다. 특히 일상의 언어가 아닌 일의 언어에서 이것은 더욱 중요하다.

언젠가 잘나가는 금융 기업 임원과 대화를 나누었다. 그는 직장인의 성공비결로 말을 삼가는 것을 그 무엇보다 중요한 요소로 꼽았다. 그가 말한 '직장 내 금칙어', 즉 '직장에서 하면 안 될 말 세 가지'가 아직도 기억에 남는다. 정리하면 다음과 같다.

① '사실은'이나 '솔직히 말해서'는 사용하지 말아야 한다. 듣는 사람이 상급자라면 '이 사람이 나하고 장난하는 거야?'라고 느낄 수 있다.

② '어차피', '그래봐야', '고작' 등의 말을 해서는 안 된다. 조직에서 '어차피'라는 말을 하는 사람에게 중요한 일을 맡길 리가 없다.

③ 숫자에 강해야 한다. '15억쯤 될 걸요?' 이런 말을 하는 사람은 업무 능력에 앞서 '숫자인지감수성'부터 키워야 한다.

사람의 성장은 말투의 변화와 함께할 수밖에 없다. 사회생활을 해보니 더욱 말의 중요성을 뼈저리게 느낀다. 그러니 다음의 이 말을 꼭 기억해두면 좋겠다.

"나이를 먹고 지위가 높을수록 입담보다 말투가 더 중요해진다."

나이와 지위는 일종의 영향력이다. 영향력이 커질수록 상대방의 입장을 잘 살피면서 말하고 또 행동해야 한다. 상대방을 잘 살피지 못했다면 입을 다물고 있어야 한다. 이런 말조심이 전제되지 않은 상태에서 말을 쏟아내면 그게 곧 '꼰대의 말투'가 되어 상대방에게 상처를 남긴다. 다이어트는 몸이 아닌 말부터 시작해야 한다.

대학원에서 상담과 코칭 등을 공부하는 과정에서 '질적 연구'라는 분야를 접하게 되었다. 이를 몇 줄로 설명하기에는 무리가 있지만, 이 연구방법론에서 중요하게 논의되는 키워드 하나는 기억해둘 만하다. 바로 '판단 중지'다. '대화 다이어트'를 원하는 사람이라면 한 번 적용해볼 만하므로 소개한다.

'판단 중지'란 연구자들이 자료 수집 과정에서 연구자의 선입견이 들어가지 않도록, 연구 대상에 대한 겸손한 이해를 위해, '섣부른 판단을 중지'해야 한다는 말이다.

지금 생각해보면 이는 대학원의 연구방법론 과목에만 필요한 게 아니었다. 누군가와 관계를 맺어야 하는 모든 사람에게 반드시 적용되어야 하는 개념이다. 나이가 많은 사람, 지위가 높은 사람이 자신보다 어리거나 직급이 낮은 사람과 대화할 때 가져야할 기본적인 소통의 태도와도 직결된다. 상대방에 대한 사전적

선입견, 즉 '판단'은 대화에서 오히려 '소통의 적'이다.

> "어리석은 사람은 당장에 분노를 드러낸다. 하지만 현명한 사람은
> 모욕을 받더라도 덮어둔다."

이 말은 상대방에 대한 섣부른 판단의 위험성을 경고한다. 우리는 상대방의 생각을 들어볼 여유 없이 함부로 말하는 경우가 너무나 많다. 말을 멈춰야 할 순간에 말을 해 관계를 망친다.

이런 일들은 비일비재하다. 예를 들어보자.

어느 날 아내가 남편에게 얼마의 생활비를 요청한다. 돈의 사용 용도에 대해서 말은 안 했지만 명절을 앞두고 제사상에 차릴 음식을 준비하기 위해서였다. 그때 남편이 이렇게 대답했다고 하자. 아내의 마음은 어떠할까?

> "갑자기 무슨 돈? 왜, 첫째 또 과외 시키게?" (×)

다른 예를 하나 더 들어본다. 추석 다음 날, 중학교 3학년인 아이가 조금 늦게 일어났다. 곧 있을 중간고사 시험 준비로 밤늦게까지 깨어 있느라 그랬다. 그런데 아홉 시가 넘어서야 부스스하게 일어나는 아이를 보고 퉁명스럽게 던지는 아빠의 한마디가

다음과 같았다면 아이의 기분은 어떠할까?

"너, 어제 또 게임했지?" (×)

누군가를 섣불리 판단하고 입에서 나오는 대로 말하는 것만큼 상대방에게 불쾌감을 주는 행위도 그리 많지 않다. 고백한다. 사실 앞의 사례는 모두 나의 이야기였다. 말투 전문가로서 정말 창피하다. 늦었지만 잘못된 말투를, 하지 말았어야 할 말들을 반성하며 고치려고 노력 중이다.

대화를 나누면 괜히 기분 좋아지는 선배가 한 분 있다. 그는 늘 말을 편하게 한다. 그에게 받는 충고는 짜증을 유발하지 않고 개선 의욕을 불러일으킨다. 그분에게 말을 잘하는 비결을 물어보았다.

"말을 잘하는 비결이라. 글쎄, 먼저 해서는 안 될 말이 뭔지를 아는 게 중요하겠지. 다음으로 해서는 안 될 말을 '끝까지' 안 하기. 그런 사람이 바로 소통의 달인 아닐까?"

'말의 달인이 되는 법', 다시 한 번 정리하자.

첫째, 해서는 안 될 말이 뭔지를 안다.

둘째, 그것을 '끝까지' 말하지 않는다.

생각해보면 별것도 아니다. 그런데 실제 대화에 적용해보려면 그게 그렇게 어렵다. 그래서 말을 잘하기가 어려운가 보다.

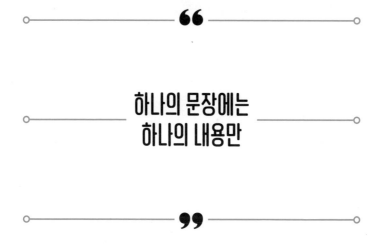

하나의 문장에는
하나의 내용만

몇 년 전의 일이다. 회사의 혁신 커뮤니티에 참여하게 되었다. 스무 명이 넘는 사람이 회의실에 모였다. 커뮤니티를 응원하기 위해 부사장님이 들어오셨고 각자 자신을 소개하는 시간을 가졌다.

다른 사람이 말하는 것을 보고 있자니 의아했다. '자신을 PR할 수 있는 좋은 기회 아닌가? 그런데 왜 저렇게 간단하게 말하고 끝낼까?'라는 생각이 들었다.

드디어 내 차례가 왔다.

"저는 이 혁신 커뮤니티에 들어온 것을 영광으로 생각합니다. 현장에서 느낀 모든 것들을 여러분과 함께 생각하고 싶습니다. 저는 지금 영업사원으로 현장을 누비고 있습니다. 현장에서 모든 것이 나온다고 생각합니다. 고객을 모시는 영업사원으로서 회사의 혁신을 위해 함께하겠습니다. 현재 저는 ○○고객을 모시고 있습니다. VIP 고객 중에서도 VIP 고객입니다. 잘 모셔서 올해도 꼭 제 개인적인 성과를 달성하도록···." (×)

이쯤에서 나는 하던 말을 멈출 수밖에 없었다. 왜? 부사장님이 끼어들었기 때문이다.

"사람이 많아서··· 간략하게 말하면 안 될까요?"

부끄러웠다. 나는 말이 많아도 너무 많았다. 나를 소개하는 것은 좋은 일이다. 하지만 상대방이 특별히 흥미를 느끼지 않는 내용까지 줄줄이 말하는 건 일종의 '민폐'다. 나는 착각했던 거다. 말을 많이 해야 남들이 알아준다고, 그래야 내가 차별화가 된다고. 오해였다. 지금 내게 다시 기회가 주어진다면 이렇게 말하고 끝낼 것이다.

"혁신 커뮤니티에 들어온 것을 영광으로 생각합니다. 우리의 노력들이 회사 전체에 활력을 주었으면 합니다." (○)

한 사람이 다른 한 사람에게 한꺼번에 공을 10개 던진다고 해 보자. 누구도 10개를 다 받을 수 없을 것이다. 처음에는 받으려 노력하겠지만 곧 포기하게 된다. 마찬가지다. 누군가의 말을 듣는 사람도 길게 말하는 사람의 이야기에 피곤함을 느끼고 결국 집중하지 못하게 된다.

물론 여러 정보를 한 번에 말해야 할 때도 있다. 그럴 때는 말하는 방법이 따로 있다. 예전 나의 말투는 대략 이랬다.

"제 이름은 홍길동이고요, 나이는 서른여덟 살이고요, 가족 관계는 2남 1녀 중 막내이고요, 제 직업은 회사원입니다." (×)

꼬리에 꼬리를 무는 '나열식'의 말은 듣는 사람을 지치게 한다. 상대방이 공을 잘 받게 하려면 하나의 공을 천천히 정확하게 던져야 하는 것처럼, 말도 한 문장 안에 중심 내용 하나만 담아야 한다. 예를 들어 이렇게 말하는 게 듣는 입장에서 편하다.

"제 이름은 홍길동입니다. 나이는 서른여덟 살이죠. 가족 관계는 2남 1녀 중 막내입니다. 직업은 회사원입니다." (○)

사람들은 말 많은 사람, 만연체 말투로 늘어지는 말을 하는 사람보다 짧은 시간에 핵심만 간결하게 하는 사람을 좋아한다. 그리고 자신의 이야기를 경청해주는 사람에게 호감을 느낀다.

적절한 말 다이어트, 한 번의 호흡에 하나의 의미만 담아내는 짧고 간결한 말투가 소통으로 이어진다.

1:1의 대화가 아닌, 수많은 사람 앞에서 일방적으로 발표를 하는 상황도 마찬가지다. 핵심을 찌르면서 청중을 집중시킬 수 있어야 한다. 어떻게 해야 할까?

굵고 짧게 말한다.

멋진 말을 골라 하려고 애쓸 필요가 없다. 유려하고 복잡한 단어나 문장? 그런 거 소용 없다. 미련을 버려야 한다. 어려운 용어를 구사하려다 보면 말이 엉키고 전달력이 떨어진다.

듣는 사람들의 기대에 집중한다.

발표는 단어나 숫자, 결과 등 정보가 중요하다. 사람들은 자신이 원하는 '정보'를 얻으면 일단 만족한다. 어떤 발표든 청중을 면밀히 분석해야 한다는 의미다. 상대방이 무엇을 듣고자 하는지 알지 못하는 상황에서 아무리 멋진 원고를 준비해봐야 돌아오는 건 하품하는 모습뿐이다.

강조와 쉼을 적절히 분배한다.

"불량률을 50% 낮췄습니다." 이 말에서 50%를 강조하고 싶다고 해보자. 소리를 높이는 것도 하나의 방법이겠지만 50이라는 숫자를 반복하거나, 50% 앞에서 잠시 말을 멈추는 등 적절한 대화의 기술을 활용한다.

말을 아끼는 사람에게 복이 있다. 그러니 한 번에 하나만 말할 것, 말이 길어질수록 상대방은 멀어진다는 것을 잊지 말자.

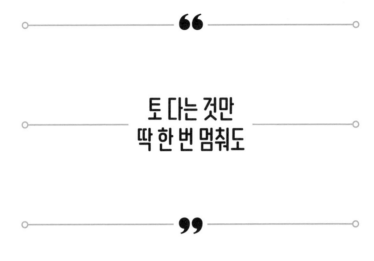

토 다는 것만
딱 한 번 멈춰도

'토를 단다'라는 말이 있다. 상대방의 말에 꼬박꼬박 불필요한 말대꾸를 하는 경우를 말한다.

오 과장: 김 대리! 보고서 다 썼어?

김 대리: 네? 어제 시키셨잖아요.

오 과장: 뭐? 그래서 하나도 안 썼어? 내가 급하다고 했잖아.

김 대리: 아니, 이걸 어떻게 하루 만에 다 해요.

오 과장: 얼마만큼 했는데! 내일 올려야 한다고!

김 대리: 아니, 그렇게 급하시면 안 바쁜 이 대리를 시키시지….

오 과장: 김 대리!! 자꾸 그렇게 토 달 거야?

'토를 단다'는 말의 의미는 원래 한자로만 된 문장을 읽을 때 뜻을 쉽게 알기 위해 한문 구절 끝에 우리말을 붙여 읽는 것을 말한다. 예를 들어보자.

忍一時之忿(인일시지분)이면

免百日之憂(면백일지우)니라

'한 번의 분을 참으면 백 일의 근심을 면한다'는 말이다. 이때 '이면'과 '니라'가 토를 단 것이다. 한문 구절 끝에 붙여 읽는 우리말 부분을 '토' 또는 '토씨'라고 부른 데서 유래했다. 그런데 이 말이 '불필요한 말을 한다'는 부정적인 뜻으로 바뀌었다.

어떻게 이렇게 의미가 변했을까? 우리말은 대부분 조사가 없어도 그 말이 쓰인 상황을 보면 의미 파악이 가능하다. 그래서 "너는 밥을 먹었니?" 대신 "너 밥 먹었니?" 하고 말한다.

'토를 단다'는 어찌 보면 문장에 꼭 필요없는 부차적인 의미를 더하는 것이다. 이것이 점차 변명하거나 핑곗거리를 말할 때, 다른 사람의 생각에 부정적인 견해로 끼어드는 경우로 의미가 확장되었고, 결국 '자꾸 필요 없는 말을 한다'는 뜻으로 바뀌었다.

'토씨 하나 틀리지 않았다'는 표현도 있는데 이렇게 '토'란 정확함을 나타내는 도구였다. 보통 때는 상황만 알면 되었지만 무언가를 정확히 전달하거나 확인해야 하는 경우에는 '토씨'를 써야 한다. 하지만 우리 생각에는 근본적으로 필요하지 않은 표현이 '토'인 것이다. '토'가 없어도 서로의 상황을 이해하면 된다. 여기에 중요한 레슨 포인트가 있다. 정확한 문장보다는 대화의 상황, 그 자체에 집중해야 한다는 것이다.

논리를 따지고 토를 다는 순간, 상대방에게 좋지 않은 감정의 화살을 맞는다. 대화 상대방이 놓인 상황을 살펴야 하는 이유다. 상황을 살핀다는 건, 분위기를 파악하는 일이다. 분위기 파악을 못하는 사람? 길게 대화하고 싶지 않다.

토를 다는 것은 자기합리화를 위한 방어적 대화법일지도 모르겠다. 하지만 가끔은 쓸데없는 대답을 최소화하고 할 말만 하여 대화를 종결시킬 필요가 있다. 특히 무분별하게 들어오는 누군가의 호기심을 일일이 충족시키려고 하다 보면 결국 말실수를 하게 되기도 한다. 그래서 필요하다, 대화를 편하게 만들기 위해 적절히 답하는 방법이다. 몇 가지의 사례를 들어본다.

[사례 1]

당신은 싱글이며 여성이다. '남자 친구는 있어?'라는 말을 듣게 되었다. 어떻게 대답할 것인가. 두 가지로 나누어보자. 질문자가 남성이자 회사 선배라면 이렇게 말하라.

"네, 다음 달이면 3년째 되는 듬직한 남자 친구 있어요!"

사귄 지 사흘밖에 안 되었더라도 이렇게 말하는 게 더 이상의 '귀찮은 후속 질문'을 듣지 않는 방법이다. '골키퍼 있다고 뭐 골 안 들어가랴?'는 무식에 가까운 이야기가 남자들 사이에서 돌긴 하지만 실제로는 '골키퍼 있으면 아예 골조차 차지 않으려는' 남자들이 많다. 그러니 그냥 '남자 친구 있다'고 하는 게 괜찮다. 만약 질문자가 여성이자 동료라면?

"소개팅해주게? 고마워!"

[사례 2]

남자 친구와 연애한 지 좀 됐다. '결혼할 거야?'는 물음에 어떻게 대답할 것인가. 질문자가 남성이자 선배라면 이렇게 응답해두자.

"아직은 제 할 일을 잘해내고 싶습니다."

확정되지 않은 일은 끝까지 말하지 않는 게 낫다. 결혼한 사람의 3분의 1이 이혼한다는 통계도 있는데 '연애' 중이면서 아직도 멀고 먼 결혼 운운하는 건 지나치게 빠르다. 질문자가 여성이자 동료라면?

"축의금 얼마 낼 거야?"

쓸데없이 사생활을 파고드는 동료의 질문에는 좀 더 뻔뻔해져도 된다.

[사례 3]

결혼 날짜를 정했다.

"결혼하고 직장은 어떻게 할 거야?"

이 질문에는 남성이자 회사 선배의 말이라면 모범답안을 내놓는다.

"결혼하면 직장에 더 충실해지지 않을까요?"

만약 질문자가 여성이자 동료라면 이렇게 말하라.

"직장을 잘 다니기 위해 결혼하는 거야."

[사례 4]

결혼했다. 2년이 흘렀다. 아직 아기를 갖지는 않았다.

"아기는 아직인 거야?"

질문자가 남성이자 선배라면 쓸모없는 질문에 대한 나름대로의 현명한 대답을 해보자.

"아직은 회사에서 제가 맡은 업무에 충실하고 싶습니다."

질문자가 여성이자 동료라면 이 정도가 어떨까.

"아기는 하늘에서 주는 선물이니 기쁘게 기다리고 있어."

무의미한 질문에 현명하게 답하는 몇 가지 사례를 들었다. 공통점은? 쓸모없는 질문에 군이 토를 달지 않고 대화를 간결하게 종료시켰다는 점이다. 냉정하다고? 정이 없다고? 하지만 이렇게 깔끔하고 간결한 말투가 결국 우리를 지킨다.

2장

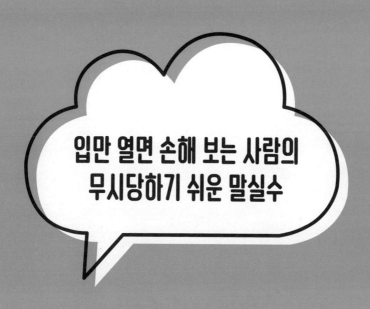

'명절 잔소리 금지의 3원칙'을 기억한다

'성인지감수성(性認知感受性)'이란 말이 자주 들린다. '여성이 사회적 약자로서 가지는 불리함을 보완해야 한다'는 취지로 법조계 등에서 성폭행, 성희롱 등 젠더 관련 사건의 여성 진술과 증언, 증거 효력의 인정 기준을 완화한 것이다. 재판에서 어느 범위까지 성인지감수성이 적용되어야 하는지는 아직 논의가 충분히 되지는 않았지만 그럼에도 사회적 약자 입장인 여성을 보호하려는 노력이 시작된 것만큼은 충분히 인정되어야 한다.

어디 여성뿐일까. 세상의 모든 약함과 억울함이 '인지감수성'

이라는 단어 앞에 붙여지기를 희망한다. 이렇게 말이다.

　장애인지감수성

　가난인지감수성

　공정인지감수성

　…

　사회적으로 보호를 받지 못하는 수많은 사람들의 마음을 헤아려서 '○○인지감수성'이라는 말들이 당당하게 세상에 드러나고 그것들을 배우고 적용해보려는 모습이 필요하다. 특별히 개인적으로는 '말인지감수성' 혹은 '언어인지감수성'이 대화를 시도하는 우리 모두의 마음속에 자리 잡기를 바란다. 2020년 총선 과정에서 언어를 폭력의 도구로 삼는, 막말을 해놓고도 막말인 줄 모르는 정치인들의 모습을 보면서 더욱 그런 생각을 하게 되었다.

　상대와 자신을 비교한 후 상대방이 자기보다 약하면 말을 함부로 쏟아내는 실수를 저지르는 경우가 너무나 많다. 과거에는 이런 모습들이 속된 말로 그냥 그대로 '묻혔다'. 하지만 이제는 전혀 다르다. 말 한 번 잘못했다가는 모든 것을 잃게 된다. '말인지감수성'을 높여 상대방은 물론 나를 보호하려는 노력, 말의 무서움을 알고 조심하려는 태도 등은 이제 사회 관계에서 살아가는 개인의 필수 아이템이 되었다.

설날이나 명절이 되면 일가친척이 모인다. 오랜만에 만나 기
쁘고 즐거운 이야기만 나눠도 시간이 모자란데 괜한 말 한마디
로 분위기를 망치는 경우가 많다. '말인지감수성'의 부족 때문에
일어난 참사다.

안타깝게도 말하는 사람은 나름대로 '덕담'이라고 하는데 상
대방에게는 '악담'으로 이해되면서 이런 일이 벌어진다.

예컨대 결혼, 취업 등은 덕담의 대상이 아니다. 왜 명절만 되면
이를 덕담의 대상으로 삼아서 멀쩡한 사람의 마음을 흐리는 걸
까. 정말 말해야 하는 상황이라면 대상이 되는 사람을 전적으로
인정하고 믿는 말을 하는 게 맞다.

명절에 덕담을 건넬 때도 고려해야 할 법칙(기술)이 있다. 나는
이를 '명절 잔소리 금지의 3원칙'이라고 부른다. '말인지감수성'
의 측면에서 살펴보자.

첫째, '쓸데없는 잔소리 금지'의 원칙이다.

'결혼해야지'라는 말, 절대 금지다. 다른 사람들이 그런 말을
했고, 그래서 말을 듣는 당사자가 괴로운 표정을 짓는다면 이 정
도만 말하자.

"요즘은 결혼을 많이들 안 하지? 이제 결혼하려면 우리 때랑 다르게 준비해야 할 것들이 정말 많은 거 같아."

둘째로 '영혼 없는 잔소리 금지'의 원칙이다. '취직 잘됐으면 좋겠다'가 대표적인 사례다. 그 말을 듣는 사람보고 어쩌라는 건가? '좋은 말씀해주셔서 고맙다'는 인사라도 듣고 싶은가? 차라리 이렇게 말하는 게 낫다.

"요즘 취직이 어렵지? 생각하는 분야는 어느 쪽이니?"

마지막으로 '괜한 걱정 잔소리 금지'의 원칙이다. '형제자매가 있는 게 좋으니 둘째도 생각해야지'와 같은 말들, 제발 그만두길 바란다. 그 말이 튀어나오려거든 차라리 '나는 꼰대가 맞다'고 속으로 되뇌어라.

입장을 바꿔서 당신이 그 말을 듣는 사람이라고 생각해보자. '결혼해야지?'라는 말, 마치 누군가를 결혼하는 기계로 생각하는 것 같지 않은가. '취직 잘됐으면 좋겠다'는 사람을 돈 버는 기계로 보는 것 같다. '형제자매가 있는 게 좋으니 둘째도 생각해보렴'이라니, 사람을 왜 애 낳는 기계로 만드는가.

물론 염려해서 하는 말인데, 지나치게 민감한 반응을 보이는 것 아니냐고 반문할 수 있다. 하지만 세상의 모든 말들은 말하는 사람보다 듣는 사람의 해석을 고려해야 실수가 없다. 그렇게 생각하고 말할 자신이 없다면 아예 조용히 입을 다무는 게 맞다.

　이것도 저것도 복잡하다면 말하지 않는 게 최고의 방법이다. 괜한 조언을 한답시고 상대방의 현재 상태를 부정하면서 마음에 상처를 주는 것보다 훨씬 낫다. 쓸데없는 얘기를 해서 실없는 사람이 되었던 경험이 있다면, 의도하지 않게 남의 뒷담화를 했다가 곤혹을 치른 적이 있다면, 상황에 맞지 않는 말을 해서 분위기를 망쳤던 경험이 있다면, 언어의 양을 늘리기보다 우선 스스로의 '말인지감수성'을 돌아보면 어떨까.

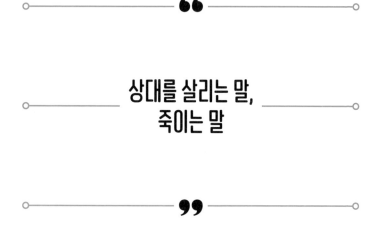

상대를 살리는 말, 죽이는 말

'촌철살인(寸鐵殺人)'이라는 말이 있다. 날카로운 말로 상대편의 급소를 찌른다는 뜻이다. 비슷한 말이 영어에도 있는데 '펀치라인(punch line)'이다. 또 요즘 인터넷에서는 '팩폭(팩트 폭력)'이란 단어가 자주 쓰인다. 알고 있지만 드러내놓고 싶지 않은 사실을 이야기해 상대를 때린 것처럼 아프게 하는 것이다.

촌철살인은 중국 송(宋)나라 유학자 나대경(羅大經)의《학림옥로(鶴林玉露)》에 수록된 말에서 유래를 찾는다. 원문은 이러하다.

아즉지유촌철(我則只有寸鐵),

편가살인(便可殺人)

"어떤 사람이 한 수레의 무기를 싣고 왔다고 해서 사람을 죽일 수 있는 것이 아니다. 나는 한 치도 안 되는 칼만 있어도 곧 사람을 죽일 수 있다."

이때 상대를 죽인다는 건 마음을 움직인다는 의미로 해석해야 한다. 즉 '말로 사람의 마음이 움직이니 말조심할 것'이라는, 우리가 대화할 때 늘 염두에 두어야 하는 긍정적 내용이다.

그런데 현대에 와서 촌철살인의 뉘앙스에 다소 변화가 생겼다. '몇 마디 안 되는 말로 누군가에게 망신을 주는 것'이라는 의미가 강해졌다. 언어가 사회의 차가운 현실을 그대로 반영하여 오염된 대표적 사례다.

실제로 촌철살인은 이미 '언어 살인'이 된 지 오래다. 상대방의 마음을 후벼 파놓고서는 '촌철살인'이라며 어깨를 으쓱하는 정치인들을 보면 구토가 나올 정도다. 정치인들뿐이랴? 인터넷상의 악플(악성리플, 악성댓글)은 또 어떠한가. 경쟁이라도 하듯이 차갑고 냉정한 말로 상대방에게 상처를 주고서도 아무렇지 않게 생각하는 냉혈한이 우리 주변에 얼마나 많은가.

이로 인해 공인(公人)은 물론 일반인들까지 수많은 사람들이 목숨도 포기하는 모습을 보면 과연 우리가 언어를 제대로 사용할 줄 아는 문명인인가 싶다.

'촌철살인'이 아니라 '촌철생인(寸鐵生人)'의 말을 하면 좋겠다. 간단한 한마디 말로 상대방을 당황하게 만들고 좋아하기보다는 다소 길더라도 희망과 용기를 주는 따뜻한 말을 하는 게 낫다. 아무리 간결한 말하기를 추천해도 그것이 누군가를 죽이는 말이어서는 안 된다는 것이다.

특히 생각나는 촌철살인 일화가 있다. 조선 태조와 무학대사의 대화이다. 어느 날 태조가 무학대사에게 이렇게 말했다.

"대사의 얼굴은 어찌 꼭 돼지같이 생겼소?"

그러자 대사는 아주 점잖은 목소리로 답한다.

"전하의 얼굴은 꼭 부처님 같습니다."

태조가 당황하며 대꾸한다.

"대사, 나는 대사에 대하여 좋지 않게 말했는데 어찌 대사는 그리 좋게 말을 하시오?"

"전하! 본시 마음이 돼지 같은 사람의 눈에는 다른 사람이 돼지 같이 보이고, 마음이 부처님 같은 사람의 눈에는 중생이 다 부처님 같아 보이는 법이지요."

무학대사야말로 '진정한 의미의 촌철살인', '현대에도 필요한 촌철생인'의 말을 한 것이 아닐까.

'정말 노래 하나만큼은 끝내주게 잘하는' 가수 장필순이 한 언론매체와의 인터뷰에서 노래하는 마음에 대해 이야기하는 것을 보았다.

"그간 노래에 대한 생각이 바뀌었어요. 노래를 잘하는 것보다 노래를 통해서 하고픈 이야기를 잘 전달하는 게 더 중요해요."

장필순의 말을 참고로 하여 수년간 말하기를 연구해온 나에게 누군가가 '말'의 본질을 물어본다면 이렇게 대답하겠다.

"그간 말하기에 대한 생각이 바뀌었어요. 말을 잘하는 것보다 말을 통해 하고픈 이야기를 잘 전달하는 게 더 중요해요."

우리는 이제 '그저 말 잘하는' 사람이 아닌 '말을 통해서 하고픈 이야기를 잘 전달하는' 사람이 되는 것을 목표로 해야 한다. 누군가의 마음을 후벼 파놓고서는 그 통쾌함에 낄낄대는 잔인함이 아니라 상대방을 따뜻하게 배려하는 말을 할 줄 아는 인간적인 사람이 되는 게 맞다.

특히 다른 사람을 평가하는 말들을 조심해야 한다. 남을 우습게 여기고 나쁘게 평가절하하는 것은 자신의 빈약한 마음 상태를 그대로 드러내는, 부끄러운 일이다.

"말 한마디에도 죄와 복이 왕래한다."

우리의 말 한마디에는 지금 죄가 오가고 있을까, 아니면 복이 왕래하고 있을까? 말하는 자신에게 복을 주며, 듣는 상대방에게 행복을 주는 말하기에 익숙해지자.

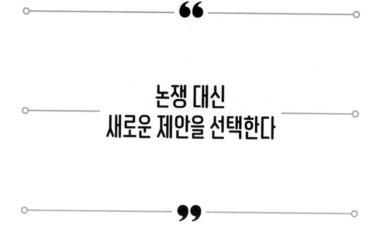

논쟁 대신
새로운 제안을 선택한다

갈등 해결은 대화로 얻고자 하는 목표 중의 하나다. 한 치의 양보도 없는 대립이 절정에 이를 때, 약간의 물러섬도 곧 패배로 느껴지는 바로 그 순간, 갈등은 극에 달한다. 변명과 핑계, 투정과 원망이 가득해진다. 결국 대화는 단절된다.

상대: 우리가 원하는 숫자가 나오질 않았네요. 생각해주신 거 맞습니까? 이러면 곤란한데.

당신: 네? 우리는 최선을 다했어요. 여기서 더 이상은 안 되는데요.

대화가 막다른 골목에 다다랐을 때라도, 상대방의 말에 문제가 있어도, 단번에 잘라 반박하면 결국 문제는 해결이 아닌 미궁 속으로 빠질 뿐이다. '무작정의 불가(不可)'를 외치기보다 새로운 제안을 통해 돌파구를 찾는 게 내공 있는 대화의 정석이다.

상대: 우리가 원하는 숫자가 나오질 않았네요. 생각해주신 거 맞습니까? 이러면 곤란한데.

당신: 말씀하신 게 맞습니다. 저도 아쉬운 숫자입니다. 경영기획 부서와 정말 욕지거리를 하면서 싸웠는데 제가 얻은 최종 숫자가 저도 많이 아쉽습니다. 대신 만약 이 계약이 성사되면 후속조치에 대해서만큼은 대한민국 최고로 해드리겠습니다. 도와주십시오.

무작정의 간결함, 냉혹하기만 한 촌철살인이 대화를 아름답게 결론짓는 건 절대 아니다. 필요하면 말은 길어져야 한다. 특히 갈등의 순간에는 더욱 그러하다. 구차한 변명을 늘어놓으라는 말이 아니다. 하지만 무작정의 종결을 선언하기보다 미래로 이어질 보다 건설적인 대화를 위해서 유연한 화법을 사용하는 것이 대화력이 있는 사람의 말투다.

상대방이 부정의 표현을 쏟아낸다고 당황하지 말자. 내면의 흔들림을 호흡 한 번이라도 하며 바로잡고 마음의 평화를 유지

해야 한다. 상대를 존중하고 나의 따뜻한 마음을 전달해본다. 사실 상대방 역시 커뮤니케이션의 마지막 순간에 거절을 위한 거절을 하고 싶어 하지는 않는다. 이런 상황에서 순간적으로 답답함을 못 이겨 대화의 중단을 선언하는 건 프로답지 못하다.

내가 아는 한 부부가 아파트를 파는 과정에서 사려는 사람과 마지막 순간에 티격태격을 했다. 한 번 더 깎아달라고 해 마음이 상해서 계약을 결렬시키려는 순간, 이 갈등이 말 한마디로 해결되었다. 어떤 말 한마디였을까?

매수인은 결혼을 앞둔 부부였는데 거래 과정 전체를 남자의 어머니가 주도했다. 집을 보여주고, 조건을 이야기하는 과정에서 남자의 어머니는 나이 들어 결혼하는 아들에 대한 안타까움, 얼른 손자를 얻고 싶은 욕심을 드러내었다. 그 생각이 떠올라 지인이 한마디를 던졌다.

"참, 그나저나 이 집은 이상하게 애가 잘 생겨요. 저도 아들 둘을 낳았고, 저보다 먼저 살았던 분도 아들이 둘이었어요. 이 집에 살면 며느님이 건강한 아들을 낳을 걸요?"

그동안 '마트가 가까워서 좋아요', '조용한 곳이에요', '지하철

역이 멀지 않아요'라며 수많은 말을 해도 별다른 관심을 보이지 않았던 매수인의 어머니가 이 말에 일어서려다 말고 바로 계약하자고 했단다.

이 사례에서 커뮤니케이션 충돌의 표면적 이유는 '돈'이었다. 하지만 해결은 '돈'에 관한 '네고'가 아니라 전혀 엉뚱한 '손자'에 의해 결정됐다. 돈을 키워드로 논쟁하는 대신 다른 방향으로의 '거절할 수 없는 제안'을 생각해낸 대화였다.

말 한마디라도 상대가 원하는 가치를 고민한 후 새로운 형태로 제안하는 건 어떨까. 그것이야말로 갈등에서 평화로운 해결책을 빠른 시간 내에 찾아내는 비법이 아닐 수 없다.

말에는 시간과 정성이 들어가야 한다. 물론 쉽지 않다. 내 시간과 에너지를 투자해야 하기 때문이다. 상대방이 무엇을 좋아하는지, 어디에 자부심을 느끼고 콤플렉스를 갖는지 세심하게 살피고 일종의 공부를 해야만 하기 때문이다. 그동안 자신의 의사나 진심이 잘 전달되지 않는다고 불평해왔다면 과연 내가 상대방과의 대화를 위해 어떤 노력을 기울였던지 생각해보자. '내 이야기'를 쏟아내는 데 급급해 '상대방의 마음'과 '상대방의 언어'를 망각하고 있지는 않았는지 말이다.

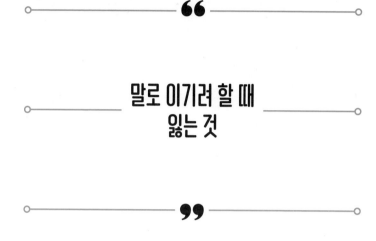

말로 이기려 할 때
잃는 것

'내가 한 말, 잘 알아들었겠지?'라고 생각하는 사람들 중 자신의 말이 듣는 이의 마음을 아프게 했음은 모르는 경우가 있다. '영향력'만 생각하고 '공감력'에 대해서는 무관심한 것이다. '말한마디로 모든 것을 얻었다'고 자랑만 한다면 대화와 관계에 관해 하나만 알고 둘은 모르는 사람이다. 대화에서는 늘 자신이 얻은 만큼 상대방이 얼마나 잃었는지도 헤아리는 배려의 마음이 필수다.

《손자병법(孫子兵法)》에 나오는 한 구절이다.

적국(敵國)을 온전히 두고서 굴복시키는 것이 최선책이며, 전쟁을 일으켜 적국을 깨부수고 굴복시키는 것은 차선책이다. 싸울 때마다 이기는 것은 최선의 방법이 아니며, 싸우지 않고도 적을 굴복시키는 전술이 가장 좋은 방법이다.

'말싸움'에 능숙해서는 안 된다. 강압적인 설득은 설득이 아니라 폭력이다. 언어가 오직 무엇인가를 얻기 위해서 칼처럼 휘두르는 다툼의 도구가 되어서는 곤란하다. '말로 이긴다'는 건 말로 패배(?)한 상대방의 마음에 깊은 상처를 남겼다는 의미도 된다. 무엇인가를 얻었다고 좋아만 할 것이 아니라 상대방에게 어떤 문제를 발생시켰는지 확인하는 게 필수다. 대화란 일회성의 전투가 아니다.

인터넷 서핑을 하다가 재미있는 문장을 얻었다.

"개에 물린 사람은 반나절 만에 치료를 받아 집으로 가고, 뱀에 물린 사람은 3일 만에 치료를 마치고 귀가한다. 그러나 말(言)에 물린 사람은 10년이 지난 지금도 입원 중이다."

개나 뱀에 물리는 건 며칠이면 치료가 된다. 반면에 한마디의 말에 '물린' 사람은 그 치욕스러움을 평생 잊지 못할 수 있다. 개나 뱀의 이빨보다 더 지독한 것이 사람의 말임을 일상에서 늘 깨달아야 한다. 말이 길어지는 것을 경계해야 하는 이유이기도 하다. 100의 말을 했을 때 99가 상대방에게 좋아도 단 하나가 우연찮게 자존심을 건드리면 좋은 말 99마저도 결국 하지 않는 것만 못하기 때문이다.

'삼사일언(三思一言)'이라는 말이 있다. 세 번 생각하고 한 번 말한다는 것이다. 그만큼 우리의 언어는 늘 신중함이 우선이어야 한다. 특히 말이 많아지는 건 경계대상 1순위다. 말이 적으면 바보라도 지혜로워 보인다는 말을 기억하자. 남을 험담하면 자신의 부족한 인격이 드러남을 깨닫자. 특히 누군가를 탓하는 비난을 조심하자. 아니, 그냥 하지 말자.

누군가에 대한 비방은 말하는 자신, 듣는 사람, 그리고 비난받는 사람 모두에게 옳지 않다. 어리석은 이는 남을 비방하고 헐뜯지만 지혜로운 자는 그 말을 듣고 자신을 돌아보고 성찰할 줄 안다고 했다. 그러니 남을 칭찬하고 세워주는 미덕을 발휘하고 그것을 통해 스스로의 인간관계가 축복이 되도록 하자. 진실하게, 타인을 생각하면서 말하는 것에 게을리 하지 않을 때, 인간관계를 아름답게 만들 힘을 갖게 된다. 세상에는 결코 돌아오지 않는 것이 네 가지가 있다고 한다.

첫째, 쏘아진 화살

둘째, 흘러간 시간

셋째, 놓쳐버린 기회

넷째, 입 밖에 나온 말

정치권이 국민의 지탄, 아니 우스갯거리가 되는 경우가 최근 너무나 많다. 왜 그런가? 여러 원인이 있겠지만 결국 말, 말투, 언어 등 소통의 문제가 핵심이다. 정치란 말로 하는 것이라 정치인은 늘 말의 위험에 노출돼 있다. 그 위험을 겸손하게 받아들이지는 못할망정 오히려 자극적인 어휘를 선택하고 더 거세게 몰아붙이며 되도 않는 존재감을 드러내려다 스스로 화를 자초한다.

일본의 한 정당은 소속 각료와 정치인들의 실언(失言)이 이어지자 '실언 방지 매뉴얼'까지 만들었다고 한다. 거기에는 사회적 약자를 더 배려하고, 대중의 환호에 흥분하지 말고, 말은 되도록 짧게 하라는 등의 구체적인 행동요령이 들어 있다. 결국 상대방의 정체성과 상황을 고려한 '말조심'이 핵심이다. 공자는 제자들에게 세상에서 출세하는 방법을 이렇게 설명했다.

많은 것을 듣되, 의심스러운 것을 빼고 나머지를 조심스럽게 말하면 허물이 적다. 많은 것을 보되, 위태로운 것을 빼고 나머지를 조심스럽게 행하면 후회가 적다. 말에 허물이 적고 행동에 후회가 적으면 출세는 절로 온다.

말은 대화의 꽃이 될 수도 독초의 독이 될 수도 있다. 누군가를 축복하되 저주의 말을 삼가며 간결하고 따뜻한 언어에 익숙해진다면 어떨까? 나 그리고 세상 모두가 행복해지는 길일 테다.

길게 말하려다
때를 놓친다

'Z세대'는 1995년 이후 태어나 아직 삼십대가 되지 않은 새로운 세대를 지칭한다. 1970년대의 X세대, 1980~1990년대에 태어난 Y세대에 이은 새로운 인류다. 그들의 특징을 한마디로 말하는 것은 무리가 있다. 하지만 그들의 특성을 잘 나타낸 플랫폼은 있다. '틱톡(TikTok)'이라는 모바일 애플리케이션이다.

틱톡은 15초에서 1분 이내 숏폼(Short-form) 형식의 영상을 제작해 공유할 수 있는 글로벌 동영상 플랫폼이다. 중국 개발사가 만든 틱톡은 '짧을수록 확실한 행복'을 느끼는 Z세대의 놀이공간이 되었다. 그 얼마 안 되는 시간 속에서 나름의 개성을 뽐내고 타인을 즐겁게 하는 창의성을 드러내는 걸 즐긴다. 그들은 순식간에 지나가는 영상에 왜 이리도 열광을 하는 걸까?

'장광설(長廣舌)'이란 말이 있다. 한자어 그대로 '길고[長] 넓은[廣] 혀[舌]'라는 뜻인데 붓다의 신체적 특징으로도 알려져 있다. 붓다는 평범한 사람들과 다른 신체 특징들이 있었는데, 그중 하나가 장광설로 그의 혀는 넓고 길어, 그 끝이 머리카락까지 닿을 수 있었다고 한다.

믿거나 말거나, 좋은 말을 많이 남긴 붓다 덕인지 전통적으로 혀가 길고 넓은 사람은 거짓말을 하지 않는다는 인식이 지배적이었다. 그러나 지금은? 혓바닥이 길면 문제가 생긴다고 생각한다. '길고 줄기차게 잘 늘어놓는 말솜씨 혹은 쓸데없이 장황하게 늘어놓는 말'이라는 의미가 더 강하다.

도박판에서 일어나는 암투를 적나라하게 그린 영화 〈타짜〉에도 '긴 혓바닥'에 대한 이야기가 나온다. 전국 화투판의 1인자(아귀)가 주인공 청년(고니)과 승부를 벌일 때다. 아귀가 고니의 손목을 갑자기 움켜잡는다. 밑장빼기로 사기를 쳤다는 것이다. 주인공은 문제의 화투장을 유리컵 안에 집어넣고 역제안을 한다.

"좋다, 까보자. 네 말이 맞는지 아닌지. 대신 틀리면 네 손목도 걸어라."

그러면서 하는 말에 '긴 혀'가 비유적으로 표현되었다.

"천하의 아귀가 뭐가 이렇게 혓바닥이 길어?"

'천하의 누군가'가 되고 싶다면 간결한 말에 익숙해지는 게 맞다. '블라블라' 자신의 말만 쏟아내는 사람은 지루하다. 게다가 그 말하는 사람이 직장상사, 부모님 등 듣는 사람보다 더 강한(?) 위치에 있기라도 하면 더욱 그러할 테다. 말은 길게 하는 게 아니다. 대화를 잘하는 사람은 말을 많이 하기보다 상대방의 마음을 이해한 후 짧게 표현하려는 노력을 할 줄 안다.

옛날 생각이 난다. 부끄러운 과거지만 한번 풀어내보련다.

십대 후반 때 일이다. 연애라는 걸 시작했다. 나는 어찌하여 대학에 입학했다. 하지만 사귀던 여자 친구는 대입에 실패했다. 더이상 진학에 얽매이지 않고 그녀는(넉넉지 못하던 가정살림 탓도 있다) 작은 회사의 경리사원이 되었다. 그리고 몇 번을 더 만났고, 서로의 주된 환경이 멀어지면서 결국 헤어졌다. 아마 헤어짐을 결정한 날이었을 게다.

우리는 허름한 신촌 한 구석의 노래방에 있었다. 나는 한 시간 내내 무덤덤하다는 듯 노래책만 뒤적였다. 그녀는 조용히 이런

저런 생각을 하다 가끔씩 노래를 했는데 특히 그녀의 마지막 노랫말이 아직도 기억에 생생하다.

　　우리들이 나누었던 몇 마디 때문에
　　그대 너무 고민하지 않았으면 해요.

　　(중략)

　　마음에 없는 헤어지잔 말
　　하지 말고 이제 그만 화 풀어요.

　　그녀는 간결하고 짧게 나에게 마지막 화해의 손길을 내밀었다. 하지만 철없던 나는 그녀의 마음을 놓쳤다. 그 노래에 응답하지 못했다. 대신 노래방을 나와 시끄럽기 이를 데 없는 호프집에 가서는 구구절절이 내가 하고 싶은 말만 해댔다. 한심했다.

　　나는 그때 너무 많은 말을 하려고 했다. 무슨 말을 해야 할지 몰라서 허둥대다 쓸데없는 말만 나열했다. 아마 끝까지 내 마음을 보호하기에만 바빴기에 그랬던, 이기적이기 이를 데 없었던 말과 행동이다. 그렇게 우리는 헤어졌다. 어색하게, 그리고 감정을 제대로 수습하지도 못한 채.

영화 〈타짜〉에서는 '혓바닥이 길면 손모가지가 날아간다'고 했다. 어디 도박뿐일까. 일상에서의 모든 일들이 그렇지 않은가. 말이 길면 누군가와 이별 하나도 예쁘게 하지 못한다.

짧게, 그리고 간결하게 해야 할 말을 하는 게 맞다. 어영부영 변명하느라 길게 말을 해서 나에게 돌아오는 건 아무것도 없다. 중년이 된 지금에야 그것을 깨닫다니 안타까울 뿐이다.

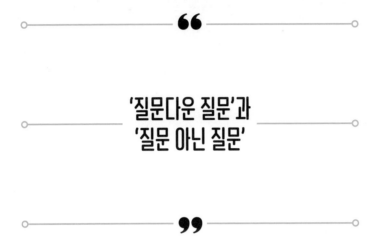

'질문다운 질문'과
'질문 아닌 질문'

'질문' 하면 타인을 배려하는 겸손한 말하기를 떠올리게 된다. 그런데 과연 우리의 질문들이 그러한가? 진정성 있는 질문 대신 쓸데없는 관심으로 가득한 질문을 퍼붓고 있는 건 아닐까?

질문도 말하기의 일종이다. 때와 장소를 가려서 할 줄 알아야 한다.

"바보는 말하지 않는 사람이다. 하지만 말하는 멍청이보다는 바보가 낫다."

이 말처럼 질문 역시 무작정의 질문을 할 바에는 아예 하지 않음이 더 낫다. 예를 들어 이런 질문들은 어떠한가.

"남친 있어? 결혼 안 해?"

"아직도 신혼이야? 왜 아기를 안 가져?"

"일부러 승진 미루는 거야? 왜 팀장 안 해?"

생각해보자.

최근에 남자 친구와의 혼수 문제로 결혼이 어긋나 버렸다면?

왠지 모를 원인으로 불임(不姙)의 고통을 버티고 있다면?

몇 년간 팀장 후보자 명단에만 오르고 정작 보임(補任)은 받지 못하고 있다면?

상대방의 마음에 상처를 줄 수도 있는 이런 말들을 우리는 아무렇지도 않게 한다. 그걸 '관심'이라고 스스로 포장하면서 말이다. 대화를 이끌어가겠다고 섣불리 한 질문이 상대방에게 모욕을, 고통을 줄 수 있음을 모르면 그건 관계를 훼손하는 무식한 행동일 뿐이다. 이런 수준 낮은 질문이 하고 싶다면 먼저 스스로에게 상대방이 다음과 같은 질문을 했을 때 어떤 느낌일까 생각해보자.

"아내 있으세요? 계속 같이 사실 거죠?"

"아이 있으세요? 말 잘 듣고, 공부 잘하죠?"

"언제 사장님 되실 거예요? 팀장만 계속하실 건가요?"

사람들은 사실 남의 일에 별다른 관심이 없다. 관심이 없기에 이따위 무례한 질문들을 아무렇게나 내뱉는다. 관계를 살리는 게 아닌 오히려 죽이는 말하기, 생각만 해도 안타깝다.

그럼에도 질문은 따뜻한 말하기와 예의를 갖춘 대화의 시작점이 될 수 있다. '당신을 잘 모르는데 물어봐도 될까요?'라는 조심스러운 말하기는 얼마든지 괜찮다. 이때 지켜야 할 격식이 있음을 늘 염두에 두어야 한다. 특히 상대방의 정체성과 주체성을 인정하는 질문을 해야 한다. 상대방의 경험과 생각을 무시해서는 안 된다. 다음을 보면서 질문을 구별해보자.

"스마트폰은 역시 우리 회사가 최고죠. 아시잖아요, 아직도 모르세요?" (×)

"저는 우리 회사의 스마트폰이 탁월하다고 봅니다. 어떻게 생각하세요?" (○)

"이게 말이 된다고 생각해요?" (×)

"제 생각과 조금 다른데요. 어떻게 생각하세요?" (○)

말하려는 건 비슷하다. 하지만 상대방에게 전달되는 느낌은 완전히 다르다. 괜한 오해를 불러일으키면서 대화를 단절시키는 질문도 있지만 반대로 상대방의 감정에 호소하는 좋은 질문도 있다. 우리가 배워야 할 것은 '질문다운 질문'이다. 특히 질문이 지시와 명령으로 상대방에게 느껴져서는 곤란하다. '해라'보다는 '하면 어떨까?', '하는 게 낫지 않겠어?'라고 표현해야 한다. 자신의 말은 최소화하고 상대방이 말할 수 있게 만들어내는 질문이야말로 일터에서, 일상에서 사용할 만한 대화의 기술이다. 질문을 잘하는 법, 몇 가지를 체크해보면서 우리의 말투를 한번 되돌아보자.

우선, 질문을 잘하기 위해서는 상대방이 하는 말에 '귀를 기울여 듣는 것'이 먼저다. 질문을 적절하게 하지 못하는 이유는 대부분 상대방의 이야기를 듣지 않았거나, 들으려고 하지 않았거나, 이해하지 못했기 때문이다.

다음으로, 두려움 때문에 질문하지 못하는 경우가 많다. 물어보는 것을 두려워하지 말자. 질문에 냉정한 대답, 예를 들어 '그

것도 몰라?'라고 들었다면 그건 당신이 아닌 상대방의 말투가 잘
못된 것이다.

　마지막으로, 여전히 질문하는 게 쉽지 않고 어색하게 느껴진다
면 아래의 질문 목록들을 기억해뒀다가 활용하는 것도 괜찮겠다.

　"구체적인 예를 들어주실 수 있나요?"

　"그 사건으로 인해 어떤 영향이 있었나요?"

　"그래서 어떻게 하셨나요?"

　"무슨 생각을 하셨나요?"

　"왜 그랬다고 보시나요?"

　"그런 경험이 주는 의미는 무엇이었습니까?"

　이쯤에서 하나 고백할 게 있다. 기억하기 싫은 사례이긴 하지
만 잘못된 질문, 아니 '질문 아닌 질문'으로 상대방에게 큰 상처
를 준 적이 있다. 몇 년 전의 일이다. 자녀를 둔 부모의 대화법을
주제로 특강을 진행할 때였다. 분위기도 좋았고 청중들의 반응
역시 괜찮았다. 한 시간 반의 시간이 순식간에 지났다. 끝날 무
렵에 앞자리에 옹기종기 앉아서 긍정적인 반응을 보여주었던 두
명의 여성분에게 감사의 마음이 들어서 말했다.

"너무 반응이 좋으셔서 제가 선물 하나 드리려고요. 제 책 한 권…."

두 분이 약속이나 한 듯 서로를 보며 웃고 좋아했다. 나는 말을 이어갔다.

"모녀 간이시죠? 어느 분에게 드리면 될까요?"

이 질문에 갑자기 주변 공기가 싸늘하게 식었다. 뭔가 이상했다. 아차, 두 분은 친구였다. 이럴 수가! 그 후의 이야기는…. 더 이상 말하기도 민망하다. 이 자리를 통해 다시 한 번 사과를 드린다.

"죄송합니다. 제가 잠시 미쳤었나 봅니다."

당신의 질문에 이런 실수가 절대 일어나지 않기를 바란다.

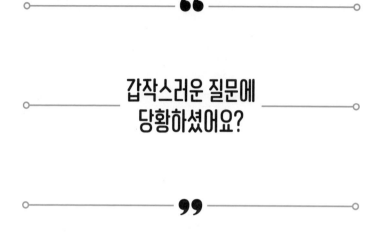

갑작스러운 질문에
당황하셨어요?

누군가의 갑작스러운 질문에 당황한 적, 여러 번 있을 것이다. 질문은 하는 것 이상으로 받는 기술도 필요하다. 질문을 주고받는 기술이 모두 완성형이 될 때 비로소 대화력이 상위 레벨을 찍는다. 사례를 들어보자. 직장인인 당신, 상사가 프로젝트 진행 상황을 점검 차원에서 물어봤다고 하자.

상사: 프로젝트는 잘 진행되고 있습니까?

당신: 글쎄요. 지금 현재까지는 괜찮은 것 같습니다. 그런데 자꾸

경쟁사에서 더 좋은 조건으로 달려드는 바람에…. 우리 회사의 가격 정책도 문제입니다. 언제까지 이 가격으로 제안을 할 건지. 고객사의 임원도 최근에 바뀌어서….

상사: 도대체 말하고 싶은 게 뭡니까??

당신: ….

질문에 대한 '대답의 기술' 역시 배우고 개선하며 성장시켜야 한다. 일반적인 도식화에 무리는 있겠지만 나름대로 다음의 5단계 프로세스를 활용한다면 대답하는 것이 한결 편해질 것이라고 여긴다.

[1단계] 상대의 말 '요약'

⋯▸ "프로젝트의 진행에 따른 성공 가능성을 말씀하시는 거죠?"

[2단계] 현재 상황 '구체화'

⋯▸ "총 3개 회사에서 제안서를 접수했으며 실제 경쟁 대상이 될 만한 회사는 1개 회사입니다. 우리 회사와 그 회사 간의 경쟁이 되리라 생각합니다."

[3단계] 구체적 상황 '사례' 제시

⋯▸ "어제 고객사 담당자와 만나서 이야기를 했습니다. 자세한 것은 말해주지 않았으나 우리 회사의 기술 우위가 타 경쟁사들을 압

도할 수준이라고 했습니다. 가격은 유의미한 차이가 없다고 합니다."

[4단계] 상대가 알고 싶은 '미래' 요약

⋯▸ "현재 우리 회사의 수주 가능성이 경쟁사들보다 높은 편입니다. 물론 마지막까지 최선을 다해야 한다고 생각합니다."

[5단계] '도움' 요청

⋯▸ "혹시라도 모를 돌발 상황에 대비하겠습니다. 작은 문제라도 생기면 이사님에게 보고하고 도움을 요청하겠습니다."

직장에서의 일을 사례로 했기에 내용상 다소 딱딱하지만 '요약 ⋯▸ 구체화 ⋯▸ 사례 ⋯▸ 미래 ⋯▸ 도움'이라는 5단계를 염두에 두고 대답한다면 낭패를 당하는 일이 줄어들 테다. 5단계가 잘 외워지지 않는다면 각 단계의 앞 글자를 따서 외워놓는 것도 좋다.

'요구사미도'

적극적으로 활용해보길 바란다.

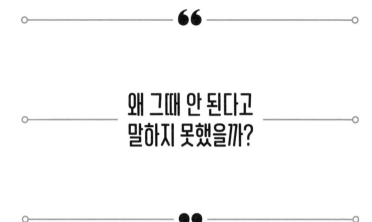

왜 그때 안 된다고
말하지 못했을까?

돈벌이를 하는 일터가 도축장이라면 얼마나 가슴 아픈 일인가. 하지만 일터가 실적에만 봉사하는 개돼지로 사람을 취급하기에 대한민국의 수많은 일터 역시 현재 도축장과 다를 바 없다. 개돼지로 취급한다는 것은 무엇인가? 우리는 개나 돼지와 대화를 나누지 않는다. 자신의 필요만 충족시키면 된다고, 자신의 즐거움 혹은 목적만 이루면 된다고 생각하기 때문이다. 그렇게 일터가 구성원의 말에 귀를 기울이지 않는다면 도축장과 다를 바 없다.

결국 대화가 문제다. 말이 안 통한다면 왜 말이 안 통하는지 고민해보고 자신의 말투를 개선하려고 노력하는 사람들로 가득해야 한다. 하지만 이렇게 말하려는 사람들이 어디 그렇게 많단 말인가. 그래서 필요한 게 있다. 편하게 대화를 하려는 사람들을 위한 거절의 기술.

다른 사람에게 부탁을 받았다고 해보자. 어떻게 행동하는가? 거절을 못하는 성격이라 마지못해 들어주고 뒤늦게 후회하는가, 아니면 너무 단호하게 거절한 탓에 관계가 나빠지기까지 하는가? 모든 사람의 부탁을 들어주며 살 수는 없다. 거절할 줄 알아야 하는 게 맞다. 하지만 거절의 말투와 행동에도 품격이 있다. 상대방의 기분을 상하지 않게 하면서 내 시간과 공간을 지켜내는 목적을 이루어야 거절이 대화력이 되어 소통의 힘으로 작용한다.

누군가에게 부탁을 받는 상황이 되면, 거절할지 아니면 들어줄지 먼저 방향을 정해야 한다. 어중간하게 대답하고 명확한 태도를 밝히지 않으면 부탁한 사람이 초조하게 기다리다 나중에는 기분만 더 상해한다. 빨리 방향을 정하지 못하겠다면 "생각 좀 해보겠습니다"라고 말한 뒤 여러 상황을 따져 방향을 정하고, 최

대한 이른 시간 내에 뜻을 전하는 게 좋다. 이때 '가능할 수 있도록 하겠다'는 뉘앙스의 말은 조심한다. 세상 사람들은 자기가 편한 방향으로 다른 사람의 말이나 행동을 해석하기 마련이다. '가능'이라는 말 하나로 괜한 기대감을 갖기에, 거절의 기술에서 이는 적절치 않다.

참고로 거절은 관계 악화를 막는 적극적인 방법일 수도 있다. 수락도 아니고 거절도 아닌, 이도저도 아닌 말로 괜한 기대감만 주며 질질 끌다가 막판에 안 된다고 하는 것은 관계 그 자체를 망치기 딱 좋다. 가능하면 빠른 시간 내에 거절의사를 표시하는 게 낫다. 다음에서 거절하기 방법의 몇 가지 사례를 확인하자.

우선, 거절을 할 때는 속전속결로 진행한다. '생각할 시간을 주세요', '고민 좀 해야겠어요'라는 대답을 하면 상대방은 긍정적인 답변이라고 판단하고 기대하기 때문이다. 그러니 불가능이 확실하다면 즉시 거절을 택하라.

"죄송합니다. 그 일을 지금 하는 건 힘들겠습니다."
"미안. 그 부탁은 들어주기 힘들어."

다음으로, 가능하면 거절의 이유를 간략하게 설명한다. 내 일이 밀려 있어서 이 일을 먼저 해주기 힘들다거나, 부탁을 들어주면 이전에 약속한 것들이 깨진다는 등의 상황을 알려주는 것이 효과적이다. 다만, 거짓을 섞어서 말하는 것은 금물이다. 시간이 지나면 다 알려진다.

마지막으로, 거절했음에도 다시 압박이 들어온다면 '새로운 제안'을 하는 것도 괜찮다.

"현재 해야 하는 일이 있어서 마감하고 난 뒤에야 그 일을 해야 할 것 같은데 괜찮아?"
"지금 하는 일이 워낙 오래 걸려서 그것부터 처리하고 나서 하면 시간이 좀 오래 걸릴 것 같아."
"내가 빨리 잘할 수 있는 일이 아니라 오래 걸릴 텐데 괜찮겠어?"

거절하는 건, 고백컨대, 나 역시도 여전히 어렵다. (나에게) 불필요한 만남을 요청하는 사람의 연락을 어떻게 끊어야 할지 곤란할 때도 있다. 하지만 가능하면 거절할 수 있을 때 잘 거절하려고 한다. 거절이란 말, 냉정하다. 하지만 건전한 관계, 필요한 관계를 만들어내기 위한 대화의 기술이라고 생각한다면 어떨까?

3장

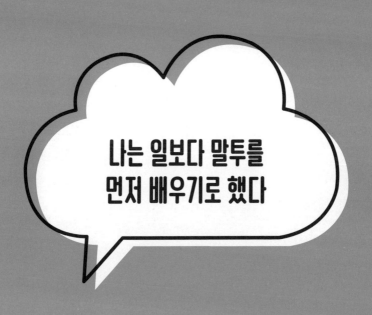

내가 겪은 일만 말하면
대화가 간결해진다

'했다체'가 있다. 자신이 겪은 일을 있는 그대로 표현하는 방식이다. 예를 들면 '나는 실수를 했다', '나는 경험을 했다' 등으로 말한다. 살펴보면 유명한 블로거, 잘나가는 유튜버는 대부분 '했다체'에 익숙하다. 자신이 경험한 것들을 구체적으로 세상에 알리는, 이론이 아닌 실전 위주의 말들을 사용한다.

'했다체'는 한 사람의 특징이 그대로 드러나는 지극히 개인적인 말투다. 1인칭의 시점에서 세상을 바라보기 때문이다. 그렇다고 '했다체'가 남을 고려하지 않는 어투라는 의미는 아니다. '했다체'를 적절하게 쓰면, 남에 대해 이러쿵저러쿵 하는 것만 아니라면, '했다체'를 사용하는 말과 글은 친근하다. 즉 '너는 실수를 했다', '너는 잘못을 했다' 등 타인을 책망하는 용도로 사용되지 않으면 '했다체'는 겸손하다.

나는 '했다체'가 좋다. 세상 많은 문제가 타인에 대해 함부로 말했기에 발생한다. 자기 자신에게 충실한 '했다체'는 타인의 적대감을 유발할 이유가 없다. 물론 나에게 적대감이 있거나 배타적인 사람, 나를 처음 보는 사람에게는 불편함을 줄 수도 있지만, 자신의 일을 편하게 말할 때나 자아 반성을 할 때 사용할 수 있다는 점에서 '했다체'는 꽤 괜찮은 표현법이다.

'했다체'를 정리하면 옆 페이지의 표와 같이 장단점을 나누어 볼 수 있다.

자신이 겪은 일만 말하겠다고 결심하자. 내가 했던 것들만 했다고 말하는 '했다체'를 늘 염두에 두고 대화를 하자. '했다체' 하나만으로도 최소한 상대방의 마음을 상하게 하는 일만큼은 막을 수 있을 테니까. 그러니 상대방의 경험에 대해 왈가왈부하는 '했지체'는 이제 그만두고 말하는 사람 자신이 겪은 경험과 쌓아둔 생각들을 말하는 '했다체'로 대화하는 습관을 갖자.

'했다체'의 장점	'했다체'의 단점
• 주장이나 고백 또는 개인적인 감상 등을 나타낼 때 사용할 수 있다 • 듣는 사람, 읽는 사람에 따라 친근감을 느낄 수 있다 • 자신의 감정에 충실하게 된다	• 건조하게 느껴진다 • 사회적, 정치적 주장을 할 경우 설득력이 떨어질 수 있다 • 일방적으로 상대의 말을 들어야 하는 사람에게 거부감을 준다

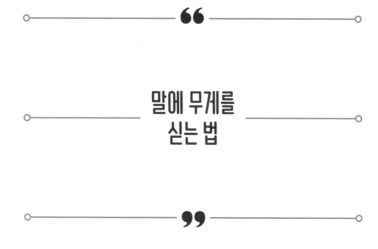

말에 무게를
싣는 법

호감 가는 사람이 있다. 남자다. 그의 겉모습? 솔직히 별로다. 날카로운 눈빛과 건조한 말투… 엄한 선배를 보는 것 같아서 그저 그렇다. 그럼에도 이상하게 마음이 끌린다. 함께하고픈 생각이 든다. 그는 의사다. 그의 이름은? '이국종.'

그가 인정받는 이유는 '무작정의 막노동 정신' 때문이리라. 그는 집에 가는 날보다 병원에서 당직을 서는 날이 더 많다. 고생은 고생대로 하면서 대접은 못 받는다. 나 같으면 '내가 어떤 일을 하는 사람인지 알기나 해?'라면서 자랑하느라 정신없겠지만

————————————— 말투를 바꿨더니 관계가 찾아왔습니다

그는 특별한 사명감을 운운하지 않아 매력 있다. 대신 그는 이렇게 말한다.

"그저 버텼을 뿐이다."

그의 말투는 담백하다. 표정의 변화도 없다. 그런데 믿음이 간다. 처음에는 그가 썩 마음에 들지 않았다. 밖으로 풍기는 모습이 그저 그랬다. 무표정하며 경직된 느낌, 지나칠 만큼 감정이 없어 보이는 말투, 무심하리만치 건조하고 매서운 눈빛 등은 내가 선호하는 상이 아니었다.

그랬던 내가 이국종이라는 사람의 팬이 되고 말았다. 한 걸음 더 나아가 그를 내 삶의 롤 모델로 삼아야겠다는 생각이 들 정도로 반했다. 어쩌다 내가 이렇게 그를 멋있는 사람으로 바라보게 되었을까?

우선 그의 오직 한길만 파는 직업의식이 매력적이었다. 그는 중증외상센터에서 일했다. 병원에서도 중증외상센터는 속된 말로 '찬밥'이다. 병원에 이익을 가져오기는커녕 손해만 끼친다고 말할 정도로 비인기과라서 그곳에서 일하는 사람 역시 찬밥이란다. 그런 곳에서 묵묵히 오직 한길만을 바라보며 걷는다는 건 쉽지 않다. 그런데 그는 뚜벅뚜벅 자신에게 주어진 소명을 마주했다. 그 모습이 섹시했다.

둘째, 그의 묵묵함이 멋졌다. 그는 주변 의사들에게 외면당할 때가 많았다. 가끔은 조롱도 받고 또 어떤 때는 의심을 사기까지 했다. 아덴만 작전에서 총상을 입은 석해균 선장을 살릴 때도 주변 의사들 중 일부는 이렇게(설마 그렇게까지 말했을까마는) 비난했단다.

"별것 아닌 걸 가지고 지나치게 쇼를 한다."

이국종은 그런 말들에 개의치 않았다.

그의 말을 들여다본다. 직업의식, 묵묵함을 더욱 빛나게 하는 건 간결하면서도 담대한 '이국종 스타일의 말투'였다. 그의 말은 길지 않지만 환자에 대한 진정한 헌신의 마음이 빠진 적이 없다.

"나는 사투를 벌이는 환자를 살리기 위해 사력을 다하느라, 쇼맨십을 보일 여유도 없다. 무조건 살려야 한다."

'진정성'이 담긴 말의 표본과도 같다.

그가 자신이 일하던 중증외상센터에 후배가 처음 들어왔을 때 조언처럼 했다는 말은 또 어떤가.

"혹시 외제차 타고, 골프 칠 생각이면 지금 때려치우세요. 그대신 후회 없이 끝까지 한다면 죽은 뒤 저승에서 환자 명단은 내밀 수 있을 겁니다. 살든지 죽든지 저랑 끝까지 함께한 환자가 벌써 1,500명쯤 돼요. 신께서도 그 명단은 한 번쯤 봐주지 않을까요?"

진정성 있는 대화력에 레벨이 있다면, 매우 높은 수준에 이국종이 위치하지 않을까? 간결하지만 그 간결함 속에는 자신이 하고 있는 일에 대한 자부심과 헌신, 그리고 무한의 노력이 가득하다. 그래서 그의 말은 짧지만 풍성하며, 간결하지만 아름답다. 그를 통해서 말에 무게를 싣는 법을 배운다. 나의 입에서 세상 밖으로 나가는 모든 말들을 적절하게 통제하고 조심할 줄 아는 훈련을 해야겠다는 다짐을 해본다.

안타깝게도 그는 자신을 둘러싼 환경과의 불화로 현재 해오던 일을 잠시 중단한 상태다. 하지만 그를 향한 국민들의 신뢰는 여전하다. 그가 더 큰 과제를 자신의 몫으로 받아들이고 현역으로 다시 복귀해주기를 많은 사람이 기대하고 있다. 나 역시 그를 응원한다. 그의 간결하면서도 무게감 가득한 말투와 함께 다시 세상의 더 밝은 곳으로 돌아오기를 바라는 바이다.

하고 싶은 이야기가 많은
상대방을 위하여…

돈벌이는 고단하다. 그래서 쉼표가 필요하다. 나 역시 나름의 쉼표를 만들기 위해 노력했다. 라틴댄스도 배워봤고, 맛있는 커피를 찾아 카페를 다니면서 하루의 피로를 풀기도 했다. 골프 동호회에 가입하여 전국 여기저기에서 라운딩도 했고, 연극과 뮤지컬을 심층적으로 감상하기 위해 동호회에도 들어갔다.

현재 내가 일상의 쉼표를 만드는 방법은 책이다. 특히 한 권의 책을 읽고 함께 이야기하는 모임, 즉 독서 토론 모임에 참석하는 게 내 일상의 낙이다. 페이스북이건 네이버 카페건 검색창에 독서 토론 혹은 독서 모임 등을 쳐보라. 많은 오프라인 모임을 만날 수 있다.

책은 나의 친구이자 스승으로 손색이 없다. 열정적인 사랑을 온몸으로 느끼는 《젊은 베르터의 고뇌》를 읽고 사랑에 대해 토론하는 것, 설레는 일이었다. 선과 악의 갈림길에서 괴로워하는 한 인간의 고뇌를 다룬 《바다와 독약》을 통해 나의 삶이 어디쯤에 위치해 있는지 돌아보는 것도 보람됐다. 남들이 오직 주말만을 기다릴 때 평일 저녁의 한두 시간을 책과 토론으로 채운 건, 인생을 통틀어 내가 했던 탁월한 선택 중에서도 손꼽을 일이다.

내가 이런 모임을 좋아하는 데는 나름의 이유가 있다. 나를 억지로 증명할 필요가 없는 공간이기 때문이다. 못난 모습을 보여줘도 그다지 문제가 될 게 없다는 데에 매력이 있다. 설령 내 모습을 보고 모임에 참석한 사람이 평가하거나 뒷담화를 한다고 해도 나는 제대로 모를 가능성이 크며, 또 안다고 해도 '뭐, 여기만 모임인가?' 하면서 다른 곳으로 가면 그만이다.

그뿐이랴. 책을 두고 토론한다는 건 (고백하자면) 누군가의 말을 잘 들을 줄 모르는 나의 부족함을 메워주는, 듣기 실력을 키워주는 시간이 되기도 한다. 내 말은 줄이되 대신 누군가의 말을 듣는 연습을 함에 있어 이만큼 적절한 장소도 없다.

언젠가 《안나 카레니나》를 읽고 토론하던 때의 일이다. 예닐곱 명이 모여 책에 대한 자신의 단상을 이렇게 저렇게 얘기하는데 유독 한 사람이 말을 많이 했다. 자신의 의견을 말하는 건 좋지만 뭐 저리도 길게 말하는 거지 하며 다른 사람들의 얼굴에 불만이 조금씩 생길 때쯤이었다. 결국 누군가가 한마디 쏘아 붙였다.

"그래서요, 도대체 결론이 뭐예요? 말이 너무 긴 것 같아서…"

분위기가 싸해졌다. 말하던 사람은 말문이 막힌 채로 미안하고 당황해하는 표정을 지었다. 솔직히 이때 나의 심정? '속이 다 시원하네'였다. 그때 모임의 진행자가 편안한 목소리로 말했다.

"괜찮아요. 할 이야기가 많다는 건 축복이죠. 우리 조금만 더 편하게 들어주면 어떨까요?"

누군가 말을 한다는 건 자신만의 공간을 찾았다는 것과도 같다. 말, 아무 데서나 함부로 할 수 있는 게 아니다. 직장에서든 집에서든 내 말을 있는 그대로 할 수 있는 공간이 어디 그리 많은가. 늘 누군가의 말을 들어야 하는 입장이었기에, 자신의 말이 영향력을 미치지 못하는 상황에서만 생활했기에, 독서 토론과 같은 비공식 모임에서만이라도 자신을 드러내고 싶었을 테다.

나는 왜 모임의 진행자처럼 그런 사람의 마음을 이해하지 못했을까. 한 사람의 마음이 담긴 말을 듣는 것은 누군가의 삶을 엿볼 기회다. 한 사람의 인생이 그의 말에 집약되어 나오니 이를 계기로 사람에 대한 관찰의 힘과 공감 능력을 키울 수 있다. 이 좋은 기회에 내 생각과 다르다고, 내가 말할 시간이 부족하다고, 함부로 성급하게 화를 내는 건 저급한 감정이 아닐까?

　내 기억으로 그때 모임은 꽤 괜찮게 끝났던 것 같다. 그리고 하나 더 내 마음을 울린 일이 있었다. 귀갓길을 재촉하는 순간 그 '할 말 많으셨던 분'이 진행자에게 조용히 말하는 걸 얼핏 들었다.

"제가 말이 길었던 것 같습니다. 앞으로는 듣는 분들도 잘 살펴보며 이야기하겠습니다. 그러나저러나 중간에 잘 말씀해주셔서 마음이 편했습니다. 고맙습니다."

　대화라는 건 나의 말은 간결하게 하고, 상대방의 말은 있는 그대로 듣는 것이 핵심 아닐까. 대부분의 사람들은 무엇인가를 '잘 말해야 한다'는 강박관념을 가지고 살아간다. 굳이 말하지 않아도 괜찮은 순간까지 말이다. 잠시 나의 말을 멈추고 상대방의 이야기를 들어주려는 그 조그만 노력이 우리의 대화력을 키워준다. 이를 알면 소통과 관계의 중심에 우뚝 선 자신을 발견하는 날이 그리 멀지 않은 시간에 다가올 것이다.

설득을 잘하기 위한
몇 가지 방법

원하는 것을 쉽게 얻어내고, 상대방에게 영향력을 끼치며, 상대의 마음을 움직이기 위해 필요한 것이 '말'이다. 보통 '설득'이라고 하는 개념이다. 설득은 어렵다. 사람은 누구나 강요당하는 느낌과 선택의 자유를 위협받는 데 심리적 방어 감정을 느끼기 때문이다.

설득의 과정은 단순히 눈에 보이는 이해관계를 다투는 백병전이 아니라 보이지 않는 서로의 감정까지 다뤄야 하는 심리전이다. 즉 설득은 논리보다 심리적으로 감정을 자극해야 효과적이다. 설득의 과정은 길어선 안 된다. 가능한 짧고 간결하게 완료가 되어야 대화 당사자들 모두에게 이득이다. 설득에 관한 이론들이 많지만 여기에서는 세 가지로 압축해서 소개한다.

첫째, 설득은 두괄식이어야 한다.

중요한 내용이 먼저 나와야 한다. 메일을 보낸다면 전체 내용을 한 문장으로 축약해서 적은 후 나머지 내용을 풀어써야 한다. 장황한 서두? 필요 없다. 원하는 것을 얻고자 하는, 설득이 필요한 메일이라면 더더욱 쓸데없는 기교를 부리지 말고 간결하게, 꾸밈없이 작성한다.

둘째, 설득은 반복의 예술이다.

당신이 새로 나온 자동차에 관심이 쏠려 있다고 해보자. 문제는 당신이 자동차를 산 지 1년이 안 되어 할부도 안 끝난 상태라는 점이다. 이럴 때 아내를, 남편을, 부모를 어떻게 설득할까? 아무리 새 차 구입의 효율성과 경제성을 논리적으로 설명해도 쉽게 설득당하지 않을 것이다.

그렇다고 방법이 아주 없는 것은 아니다. '반복의 기술'을 쓰면 어느 정도 희망이 있다. 한 실험에 따르면, 세일즈맨들이 영업을 할 때 46%의 사원들이 한 사람에게 두 번 요청했고, 14%가 세

번, 12%가 네 번, 4%가 다섯 번 신차 구입을 요청했는데 다섯 번 요청한 사람의 성공률이 무려 70%에 가깝다고 한다.

이것을 염두에 두고 딱 다섯 번만 졸라보라. 밥 먹을 때 '차 바꿔줘!', 설거지할 때 '차 바꿔줘!', TV 볼 때 '차 바꿔줘!', 화장할 때 '차 바꿔줘!'라고 해보자. 아마 당신이 원하는 차가 어느새 당신의 눈앞에 와 있을 것이다. 물론 좀 치사하긴 하지만 말이다.

셋째, 설득은 가끔 말이 아닌 감정으로 완성될 수 있다.

갖고 싶은 자동차가 있다면, 그런데 아무리 반복해서 졸라도 효과가 없다면, 최후의 방법으로 감정을 자극한다. 갖고 싶은 자동차 카탈로그를 가슴에 안고 울다 지쳐 잠이 들자. 상대방은 마치 아이가 장난감 사달라고 조르다 흐느끼며 잠자는 모습을 보았을 때의 감정을 느낄 것이다. 다음 날 당신은 부인의 허락을 받을지도 모른다.

세 가지 모두 만만치 않은 과정이다. 원하는 것이 무엇인지 뚜렷하게 상대방에게 전달하려는 노력부터 쉽지 않다. 거기에 마치 어린아이처럼 칭얼대야 하는, 반복적으로 원하는 것을 제시해야 한다는 게 자존감에 상처를 줄지도 모른다.

하지만 세상에 공짜는 없다. 갯벌에서 맛조개를 잡을 때도 힘들게 삽질할 수도 있지만 소금을 갯벌 구멍에 뿌려서 조개가 올라오길 기다렸다가 끌어내는 방법이 '치사하지만' 효율적이다. 마찬가지다. 필요하다면 적당한 설득의 기술을 기억해두었다가 간결하게 활용해보는 것, 나쁘지 않다. 다시 한 번 정리해보자.

설득의 3요소

두괄식으로 / 반복해서 / 감정을 움직인다

하나 더 알아두면 좋은 게 말의 속도 조절이다. 설득이란 일종의 주고받기 게임이다. 어쩔 수 없이 대화 당사자 중 한 명은 자신의 생각이 상대방에게 저항받고 있음을 느낀다. 그러기에 반항이 있는 건 당연하다. 이때 무섭게 달려드는 상대방에게 급하게 반응하면 안 된다.

대답이 너무 빠르면 상대방도 방어에 급급해질 수밖에 없다. 자신과 상대방, 모두의 말이 점점 빨라진다면 설득이 아니라 격한 투쟁 상황으로 바뀌고 있음을 알아차려야 한다. 이때 필요한 것이 대화의 속도 조절이다. 지나치게 빨리 대답하는 것부터 고친다. 상대의 말을 자르면서까지 반드시 말하려는 습관이 있다면 더욱 그러하다. 상대방의 말을 끝까지 듣고, 다 듣고 나서도 곧바로 말하지 않을 수만 있다면 한결 대화가 편안해질 테다.

말할 시간이 부족하면
화가 난다

말싸움은 에너지 낭비다. 내가 소위 '갑'의 위치에 있다면 속 편하게 윽박지르고 말싸움을 끝낼 수도 있다. 하지만 대부분의 우리는 '을' 아니던가. 상대방의 갑작스러운 화풀이에 일방적으로 당한다는 느낌에 감정이 상한다. 이때 어떻게 해야 할까? 이 문장 하나만 기억해둔다.

"말할 시간이 부족하면 화가 멈추지 않는다."

당신은 직장인이다. 상사가 당신의 업무 실수를 질책한다. 이 경우 잘못했다고 생각하면 변명을, 잘못하지 않았다고 여기면 반박을 할 게다. 변명과 반박, 결론부터 말하면 효율적인 말투가 아니다. 이때는 그냥 놔둔다. 상대방이 충분히 화를 내는 시간을 갖게 두는 게 현명한 대화의 기술이다.

'제풀에 꺾인다'라는 말을 들어보았을 거다. 화를 내는 건 일종의 에너지 소비다. 끝도 없이 화를 내고 짜증을 낼 수는 없다. 제풀에 꺾이기 마련이다. 그러니 괜히 복잡하게, 머리 아프게 이유를 찾지 말고 '그런가 보다'라고 생각해라. 상사에게 험한 말을 듣는다면 마음에 담아 아프지 말고, '당신 인생이 그 정도밖에 안 되는데 어쩌겠니?'라며 듣는 시늉만 하는 게 마음 건강상 더 낫다. 그렇게 가만히 있으면 상대방도 당신의 듣는 태도에 화내는 것을 멈추고(정확히는 힘이 들어서 그만두고) '내가 여기서 왜 이럴까?'라는 반성적 자세를 갖게 될지 모른다.

문제가 있다고, 어떻게 할 거냐면서 말을 해보라고 다그치는 사람 앞에서 우리가 해야 할 말은 없다. 지금 상대에게 필요한 건 딱 하나다.

'화낼 시간.'

그렇다. 충분하게 화낼 시간을 '선물'하라. 그에게 화낼 시간을 아낌없이 주는 산타클로스가 되어라.

매일 산타클로스가 되어야 하는 처지가 아니라면, 아무 이유 없이 당신을 괴롭히는 사람과 1년 내내 함께 지내야 하는 처지가 아니라면, 혹시 스쳐 지나갈 사람이라면, 그저 들어주는 것만으로도 충분하다. 상대가 화가 나 있는 상황에서는 이런저런 이유를 들며 설득해봤자 큰 효과가 없다. 그래 봤자 당신이 듣는 것은 상대방의 더 화난 목소리와 더 한 질책일 가능성이 크다.

상대가 화를 내도 가만히 참는 것이 완벽한 해결책은 아닐 텐데 하면서 의구심을 갖는 당신이라면 '좀 더 적극적인 방법은 없을까?' 하고 물어볼 수 있겠다. 있다. 쉽지 않은 방법이지만 그럼에도 내가 직접 본 사례이니 참고해볼 만하다.

버스를 타고 집에 가는 중이었다. 아마 거의 막차가 아니었을까 싶다. 한 취객이 탔다. 나이가 좀 있어 보였다. 그분은 타자마자 횡설수설하더니 여기저기에 욕을 해대기 시작했다. 뜬금없는 말들이었다. 어느 정치가가 마음에 들지 않는다느니, 요즘 애들은 버릇이 없다느니 하면서 말을 그칠 줄 몰랐다. 참다못한 승객분이 짜증을 냈다.

"거 좀 조용히 하세요!"

"어느 놈이야!"

취객은 이렇게 소리치면서 그를 향해 다가가려 했다. 그 순간 버스를 운전하던 기사님이 나섰다.

기사: 선생님, 약주 한잔하셨군요.

취객: 그래, 했다. 왜!

기사: 고단하시죠. 요즘 저도 참 삶이 팍팍합니다.

취객: 뭐요?

기사: 어쩔 수 없죠. 그래도 먹고살기 위해 열심히 일해야 하죠.

취객: ….

기사: 제가 가시는 곳까지 편안히 모실게요. 어디서 내리시죠?

취객: 신동아 아파트요.

기사: 오늘 날씨가 좋습니다. 편한 밤 되게 잘 모실게요.'

취객: ….

버스 기사님의 말 하나하나가 아름다웠다. 불필요한 말은 없었으며 상대방을 향해 삶의 여유를 선물하는 것만 같았다. 취객은 제자리로 돌아갔고, 긴장했던 나머지 승객들도 편한 미소를 지을 수 있었다.

나는 그동안 수없이 대화, 상담, 커뮤니케이션 도서를 읽어왔다. 스피치 전문가도 만나봤다. 하지만 '커뮤니케이션의 달인(達人)', '대화력 최고 레벨'은 커뮤니케이션 대학원, 비즈니스 스피치 학원이 아니라 우리 동네 버스에서 운전을 하고 있었다.

그렇게 내 주변 가까운 곳에서 대화를 배워간다.

반대의 '왜!'가 아니라
인정의 '왜?'가 필요하다

대화를 하다 보면 마지막에 틀어지는 때가 간혹 있다. '이제 다 끝났다'라고 생각하는 순간 이런 저항에 부딪히면 정말이지 난감하고 불편하다. 하지만 산의 정상에 오르기 전 마지막이 가장 힘든 것처럼 원하는 것을 얻고자 하는 입장에서는 끝까지 설득해야 한다.

특히 비즈니스 커뮤니케이션에서 이런 경우가 많다. 협상 담당자끼리는 거의 다 이야기가 되었다고 생각했는데 제2, 제3의 관여자로 인해 협상 결과물이 뒤집힌다. 마지막 순간에 이미 합의한 문제 자체가 재정의되는 경우 그 짜증스러움에 태연하기가 쉽지 않다.

> "죄송합니다. 우리의 협의 사항을 처음부터 다시 확인해야 할 상황이 발생했습니다."
> "협상 과정에서 빠진 부분이 있었는데 제가 몰랐네요. 저도 몰랐지만 그쪽도 책임이 있으니 처음부터 다시 이야기하시죠."

이때 마인드 세팅이 중요하다. 당신이 미워서 상대방이 갑작스러운 저항을 하는 게 아니다. 그 역시 '또 다른 상대방', 즉 제3자에게 새로운 요구를 강요당하고 있을 가능성이 크다. 그가 어느 회사의 과장이라면 부장에게 지시를 받았을 것이고, 아니면 협력업체에서 새로운 요구를 받았을지도 모른다. 스스로 해결할 수 없기에 당신에게 거꾸로 도움을 요청한다는 말이다.

상대방의 말 그 자체에만 집중하는 대신 '왜'라는 입장에서 접근해야 할 때다. 단, '왜'에는 두 가지가 있다. '왜!'와 '왜?'다. 윽박지르는 '왜!'가 아닌 서로의 입장을 고민하는 '왜?'가 중요하다. 대화 자체보다 상대방의 입장에서 이해하려는 이타적인 말하기를 선택해야 한다. '왜?'와 '왜!'의 차이를 구별해보자.

말투를 바꿨더니 관계가 찾아왔습니다

[왜! vs 왜?]

1. 왜!: 상대방의 저항 그 자체를 부정하는 대화 자세

"도대체 뭐가 문제죠?"

"지금 와서 그러면 제가 어떻게 윗분들을 이해시키나요?"

"이런 말씀드리면 기분 나쁘실 테지만, 솔직히 저는 이해를 못하겠습니다."

"더 이상의 요구는 사실 무리라고 생각하지 않으세요?"

2. 왜?: 상대방의 입장을 이해하려는 대화 자세

"어떤 방해꾼이 생겼나 보군요."

"어려운 상황인가요? 우리의 관계를 막는 원인을 듣고 싶습니다."

"작지만 제가 힘이 되고 싶습니다. 망설이는 이유가 있으신지요?"

"여기서 끝내기보다 마지막까지 작품을 한 번 완성해보죠."

협상의 마지막 단계일수록 공격적이며 부정하는 '왜!'가 아닌 상대방의 마음을 인정하고 받아들이려는 '왜?'가 필요하다. 그게 진정으로 상대방의 마음을 볼 줄 아는 태도다. 결과적으로 대화가 편해지고 서로의 불필요한 말들을 줄인다.

"아는 만큼 보인다."

우리가 얼마든지 볼 수 있는 것들을 못 보는 것은 그것들이 별 볼일 없어서가 아니라 '나의 눈' 수준이 낮아서다. 마찬가지다. 상대방에게서 마지막 순간에 저항이 들어온다면 상황을 잘 보지 못했던 자신부터 반성할 일이다. 상대방을 잘 안다고 착각하는 우(愚)를 혹시 범하지는 않았는지 스스로에게 질문부터 던져봐야 한다.

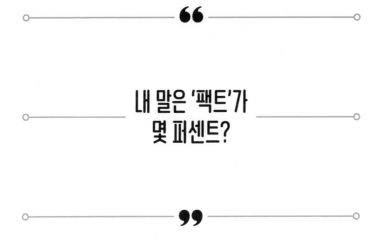

내 말은 '팩트'가
몇 퍼센트?

사회생활을 하는 과정에서 뜻하지 않은 헛소문 때문에 어쩔 줄 몰라 당황했던 경험이 있을 것이다. 소문의 진원지나 그 숨겨진 의도를 당장 확인할 수 없어 어떻게 대처해야 할지 난감했을 수도 있다. 특히 인터넷과 SNS(Social Network Service)가 발달한 현대 사회에서 소문은 유명인뿐 아니라 일반인들에게까지 큰 상처를 준다. 소문이 퍼지는 속도와 파급력은 우리의 상상을 초월할 정도다.

이런 연구 결과를 본 적이 있다. 인구 3만 명의 소도시에 사는 한 사람이 놀랄 만한 이야기를 가지고 아침 8시 회사에 출근해서 세 사람에게 그에 대해 말한다. 이 세 사람은 각자 다른 세 사람에게 이야기를 들려준다. 이렇게 한 단계를 거치는 시간이 15분이라고 했을 때, 3만 명 소도시 사람 전체가 알게 되는 데에는 산술적으로 불과 2시간 30분이면 충분하다고 한다.

물론 자신에 대해 잘못된 소문이 퍼졌다 해도 신경 쓰지 않을 정도의 강인한 정신력을 가지고 있다면 괜찮다. 하지만 과연 그렇게 강한 정신력을 지닌 사람이 몇이나 될까. 연예인이나 정치인처럼 대중에게 자신의 이미지를 소비시키는 직업군의 사람도 가지기 힘든데 일반인인 우리는 더 어렵다.

잘못된 소문으로 고통당하는 모습을 여러 번 보면서 학습되어서일까? 요즘은 누군가가 거짓말을 하면 즉각적으로 분노가 표출된다. 믿고 존경했던 사람이 그동안 해온 말과 다른 행동을 해왔음을 알게 되면 배신감에 그 사람을 저주까지 한다. 최근 언론 보도를 믿지 않는 사람들이 많아지는 것도 비슷한 이유 때문이다.

특히 젊은 층을 중심으로는 공중파에 나오는 정보를 플랫폼에서 검증하는 일이 일반적이 되었다. 페이스북, 유튜브 등에서 확인해보고 자기 의견을 정리한다. 도덕성에 매우 예민한 시대라는 것이다.

얼마 전 재미있게 본 '짤방' 하나가 있다. 링컨 사진에 말풍선을 그려놓은 그림이다.

"인터넷에 떠돌아다니는 내 명언들이 다 내가 한 거라고 생각하지 마!"

말풍선 안에는 이런 말이 있었다. 그만큼 인터넷에 잘못된 정보가 많은 게 사실이다. 그럼에도 젊은 사람들의 눈과 귀가 SNS와 온라인 커뮤니티에 쏠려 있다. 이들의 관심을 조금이라도 가져오려고 여러 매체들이 카드뉴스나 영상 클립 같은 다양한 서비스를 제공하는데, 결국 인정받는 정보는 플랫폼이 무엇이냐가 아니다. 핵심은 '신뢰도'다.

jtbc가 손석희를 사장으로 영입하며 얻은 것은 신뢰도였다. 지금은 일선에서 물러났지만 그가 진행하는 뉴스 중에 특히 〈팩트체크〉 코너를 흥미롭게 시청했다. '체크(check)'란 검증이다. 바쁜 시대에 '팩트(fact)'인지 아닌지를 대신 검증해준다는 건 시간을 아끼려는 현대인들의 관심을 끌 수밖에 없다. 팩트, 즉 사실인지 아닌지를 판단하기에 세상의 정보들은 너무나 복잡하고 많기 때문이다.

물론 '팩트 체크'를 하는 언론사 역시 당파적이기 때문에 팩트 체크가 아니라는 주장도 일리는 있다. 하지만 이것은 반대로 그만큼 세상의 모든 거짓말에 지친 사람들에게 '사실 확인'이 중요해졌다는 의미이기도 하다.

어쩌면 세상에 '100% 팩트'란 존재하지 않을지도 모른다. 하지만 내 말에 100% 팩트에 가까워지려는 노력이 담긴다면 나의 말이 좀 더 가치 있을 것이다. 아울러 쓸데없는 말을 하는 것도 삼갈 수 있을 테다. 아무리 상대방의 흥미를 자극할 만한 소재를 날카롭고 화려한 문장으로 말한다고 하더라도 결론적으로 '팩트'라는 기초가 없으면 무용지물이다. 팩트가 결여되는 순간 나의 말은 가치를 잃어버리기 때문이다.

팩트에 기초하는 건 '백 투 더 베이직(Back to the Basic)'과도 같다. 말하기의 기본인 셈이다. 내 말이 늘 의심스러워서 상대방이 내 말을 팩트 체킹해야 한다면 상대방은 얼마나 피곤할 것인가. 대신 내 말이 늘 팩트에 기초해 신뢰성이 높다면 커뮤니케이션에서 우월한 지위를 얻어낼 수 있다. 간결하고 깔끔한 대화로도 얼마든지 소통이 가능한 상황을 만들어내는 셈이다.

내 말은 팩트로 가득한가? 섣불리 말을 뱉기 전에 스스로 검증

과정을 거쳐야 한다. 상대방이 직장 상사이든, 동호회 친구이든, 아내이든, 아이들이든 관계없이 말이다. 말에 팩트 담아내기, 내 말이 세상에 퍼져나가기 전에 팩트 체킹하기는 말에 가치를 더하는 기본 조건이다. 거짓되지 않는 말에 익숙해지려는 노력이 필요하다.

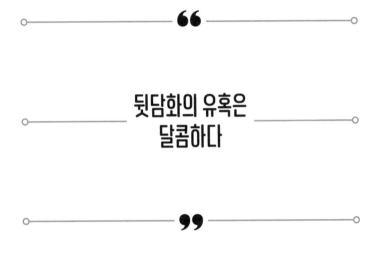

뒷담화의 유혹은
달콤하다

'입이 무거운 사람'의 정확한 의미를 알고 싶어서 영어사전을
찾아봤다.

Person who keeps someone's secret well

누군가의 비밀을 잘 지키는 사람, 정확히는 누군가에 대한 말
을 함부로 하지 않는 사람이라고 해석된다. 입이 무거운 사람이
란 타인에 대해 말을 삼가는 사람이라는 영어식 풀이가 깨달음

을 준다. 진중한 사람, 믿을 만한 사람, 신뢰할 만한 사람은 말의 양과는 관계가 없다. 대화에서 화제로 삼는 대상이 나인가 아니면 타인인가 하는 점이 핵심이다. 이런 말을 들은 적이 있다.

> "입이 무거운 사람은 자신의 말만 하지만, 입이 가벼운 사람은 남의 말만 합니다."

정확하다. 남의 말만 하는 사람은 가벼워 보인다. 칭찬보다는 험담이 많다. 반대로 입이 무거운 사람은 타인의 잘못을 들추거나 지적하지 않는다. 자기 의견만 간결하게 말한다.

누군가와 마주 앉아 있다. 이때 입이 무거운 사람이라면 상대방의 행동이나 말에 이러쿵저러쿵 훈수를 두거나 비판하지 않는다. 자신의 생각만 간결하게 말하고 끝낸다. 다음을 비교해보자.

> ① "너는 늘 그렇게 말해서 문제를 일으키더라. 잘못된 생각이야."
> ② "그 말이 나는 잘못됐다고 생각해."

①과 ② 중에서 어느 쪽이 입이 무거운 사람일까? 당연히 ②번이다. 이를 '나 대화법(I-message)'이라고 하는데 소통의 질을 높이는 효과적인 말하기 방식이다. 우리의 말투는 이래야 한다. 자기

생각은 얼마든지 바꿀 수 있지만 타인의 생각과 행동은 웬만해서는 바꿀 수 없기 때문이다. 그러니 ①처럼 말하기는 무모하다.

하지만 막상 대화의 현장에서 '나 대화법'으로 말한다는 게 그리 쉬운 일은 아니다. 훈련이 필요하다. 자신의 생각만 말하겠다고 다짐하라. 필요 없는 말이 반 이상 줄어들 것이다. 대화가 편해진다는 느낌을 받을 테다. 대화 상대방 역시 공격받는 느낌을 안 받고 마음을 더 열 것이다.

제프리 베조스는 전자상거래 기업인 아마존닷컴의 창업자이자 회장 겸 CEO다. 그는 세계 최고의 부자다. 모든 것을 다 가진 것 같은 사람이니 얼마나 하고 싶은 말이 많겠는가. 하지만 그는 자신의 입을 무겁게 다스린다. 2016년 미국 시애틀에서 열린 한 시상식에서 그는 이렇게 말했다.

"훌륭한 리더들은 대부분 옳게 행동한다. 옳게 행동하는 사람은 남의 말을 많이 듣는다. 남의 말을 듣고 또 기꺼이 자신의 생각을 바꾼다."

그의 경영 원칙이 고스란히 드러나는 말이 아닐까. 타인의 말을 듣고, 자신의 생각을 바꾸며, 이를 삶으로 연결시킨다는 건, 말하기는 쉬워도 실행하기는 어렵다.

세상에는 조심할 것이 참 많다. 불조심, 물조심, 차조심 등. 그 가운데 으뜸은 역시 말조심이다. 말로 인해 말이 많아진다. 입이 무겁지 못해 세상의 모든 불행이 벌어진다고 해도 과언이 아니다. 물론 요즘처럼 말 잘하는 사람이 인기 있는 때에는, 입이 좀 무거운 사람은 인기가 없어 보인다. 남 탓하고 욕하고 그러면서 친해진다는 말도 있다. 입이 무거운 사람이랑 이야기하면 심심하다는 느낌도 받는다.

하지만 그건 재미있는 이야기를 잘하지 못해서일 뿐으로 대신 믿지 못할 사람이라는 평가는 듣지 않는다. 더불어 신의를 지키는 사람이란 평가를 받으면 그것만큼 자신에게 이익이 되는 것도 없다.

'입이 가볍다'는 평판을 들어서는 안 된다. 필요 없는 소문을 퍼뜨리면 피해자가 늘고 자신에게도 결코 좋을 게 없다. 군자(君子)는 입을 아낀다. 말조심이 몸에 배어야 한다. 입이 무겁다는 평을 듣도록, 말이 간결하다는 평가를 받도록 노력하면 어느 순간 대화 하나만큼은 제대로 하는 사람이란 말을 듣는 날이 온다.

설명해달라고 부탁하면
아는 게 보인다

세일즈 분야에서 직장생활을 오래 하다 보니 대한민국 회사들의 사무실 환경을 다양하게 접했다. 커다란 카페가 있어서 빵과 음료를 자유롭게 먹게 한 곳, 놀이동산처럼 위층에서 아래층으로 미끄럼틀을 타고 내려오게 한 곳 등 특이한 곳도 많았다. 그중 상당수의 사무실에서 공통으로 플래카드를 여기저기 걸어놓은 것을 볼 수 있었다. 플래카드의 내용 대부분은 매출이나 실적, 성과에 관한 것들이었다.

2020년 전년 대비 30% 성장

위기는 기회다. 매일 3건 이상의 고객 유치!

하면 된다. 목표 대비 200%의 실적을 만드는 영업부!

그런데 언젠가 한 기업에서 본 문구는 조금 달랐다. 내용이 일반적이지 않아서 특별했다.

"설명하지 못하면 아는 게 아니다."

그런가 보다 하고 지나치긴 했지만 그 사무실을 나와서도 뭔가 마음 한구석에서 움찔하는 전율이 있었다. 다시 한 번 그 문구를 되새김질했다.

'아는 것은 설명할 수 있는 것이라고?'

내가 그동안 사무실에서 본 플래카드 혹은 슬로건 중 최고가 아니었나 싶다.

실적, 성과, 매출 등 모든 것이 결국 구성원 각자가 자신의 일을, 자신의 노력을 설명할 수 있는 것에서 시작된다. 설명하지 못하면? 아는 게 아니다. 설명의 형식도 중요하다. 짧고 간결하게, 명확하게 설명하는 것이 기본이다.

어느 순간부터 설명이란 단어가 부정적으로 쓰이는 것은 아닌가 싶다. 대표적인 예가 '맨스플레인'이다. '남성'을 뜻하는 'man'과 '설명하다'의 'explain'을 합친 단어로 여성들이 어떤 사안을 잘 모를 거라고 생각하는 남성들이 무턱대고 아는 척 설명하려하거나 가르치려고 드는 태도를 뜻한다.

여성이 야구나 축구에 관심이 있다고 말하면 남자는 군대에서 축구를 한 자신의 경험담과 신문이나 잡지에서 읽었던 모든 잡학지식들을 섞어 여자에게 설명하려든다. 그 여성이 이미 아는 정보와 지식의 깊이, 양은 전혀 고려하지 않고 자신이 가진 모든 것을 설명하기에만 급급하다. 그렇다 보니 '맨스플레인'은 그다지 좋은 의미로 쓰이는 단어는 아니다.

나는 이 단어가 좀 아쉽다. 설명하려드는 남자에게 '말하지 마세요'라고 하는 것이 최선이 아니라고 생각하기 때문이다. 오히려 설명하려드는 남자가 있다면 그 설명이 마음에 들 때까지 계속 질문할 수 있어야 한다. '내가 가르쳐줄게'라며 달려드는 남자에게 '그래, 제대로 한 번 설명해봐! 대신 내가 이해될 때까지!'라고 하는 게 맞다.

한 개인이 세상에 대해 알면 얼마나 잘 알겠는가. 게다가 정보가 완전 오픈된 지금, 누군가의 조그만 뇌에서 나와봐야 무엇을 얼마나 더 많이 내놓겠는가. 그럴 때일수록 '설명해보라!'고 하는 것이 낫다. 설명하려드는 남자를 바라보며 너그러운 마음으로 들어주는 것도, 그러다 질문 한마디 툭툭 던지면서 그의 설명을 즐기는 것도 괜찮은 일이다.

이로부터 하나의 팁을 찾아낼 수 있다. 입만 열면 온통 거짓 말인 사람들을 대하는 말의 기술이 있으니 바로 '이거 설명해볼 래?'이다.

가령, 직장에서 후배에게 맡긴 일이 자꾸 문제가 생긴다. 하는 행동은 자신만만한데 나중에 후배가 해놓은 일의 결과를 보면 늘 엉망진창이다. 이때 어떻게 해야 할까?

간단하다. 그에게 딱 한마디만 하면 된다.

"설명해봐!"

그럼 모든 것이 해결된다. 군이 길게 반복하며 잔소리하지 말 고 상대방에게 '설명해보라' 이 한마디만 해라. 설명하지 못하면 모르는 것이고, 모른다는 것을 알면 더 이상 업무상 거짓말이 불 가능하다. (심지어 사생활도 마찬가지다.) 이때 '설명하라!'는 지시나 명령이 상대방에게는 억압적으로 느껴질 수도 있으니 다소 순화 한 단어로 요청하자.

"그래? 그런데 내가 아직도 너의 말을 이해를 잘 못하겠어. 그러니 조금 더 자세하게 설명해줄래?"

쓸데없는 말이 길어질 것 같으면 정확히 문제를 지적해 '설명해달라'고 하라. 괜히 화제를 돌리면서 영양가 없는 말을 듣는 것보다 훨씬 시간을 줄일 수 있다. 내 경험을 되돌아보건대, 말을 듣다가 '아, 그게 궁금한데, 설명해주시겠습니까?'를 세 번 이상 할 때까지 헛된 말을 계속 이어나가는 사람은 없었다.

물론 이런 설명 요구가 상대방을 괴롭히는 모습이 되어서는 곤란하다. 무엇을 말하는지도 모른 채 끝도 없이 길게 말하는 상대방의 말을 간결하게 줄이는 효과가 있으니 이를 활용하자는 것이다.

설명 요구도 대화의 기술 중의 일부다. 불필요한 대화를 줄인다. 무엇보다 원활한 소통이 이뤄졌는지 확인이 필요하다면 상대방에게 설명을 요청해라. 대화가 간결해지고 또 편해진다.

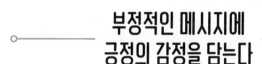
66

부정적인 메시지에
긍정의 감정을 담는다

99

 직장에서 상사의 애정 어린 꾸중과 진정한 지적이 사라졌다. 선배들이 '할말하않(할 말은 많지만 하지 않겠다)'하고 있다. 후배들이 작은 일에 주눅 들고 조금만 혼을 내도 삐치니 눈치가 보이기 때문이다. 말 한마디 잘못했다가 후배가 갑자기 회사 못 다니겠다고 하는 건 아닌지 신경 쓰이기 때문이다. 잘못된 부분을 지적한다고 잘 고쳐지지도 않는데 괜히 충고 잘못했다가 감정만 상하느니 포기하는 게 낫다는 분위기다. '하라스먼트(harassment)'의 가해자가 되기를 두려워하는 것이다.

'하라스먼트'라는 영어단어는 '괴롭힘'이라는 뜻이다. 일본에서는 '하라스먼트'를 몇 가지 분류로 나눈다.

알코올 하라스먼트: 회식 등의 자리에서 상하관계를 이용하여 상대방에게 술을 강요한다. 상대방의 체질이나 의향을 무시하고 원샷을 시킨다거나 술을 진탕 마시게 해서 정신을 못 차리게 한다.

젠더 하라스먼트: '남자다움' 혹은 '여자다움'을 강요한다. '남자가 왜 그렇게 비실대는 거야?', '여자가 그렇게 막 먹어도 돼?' 등의 폭언이 대표적이다.

테크놀로지 하라스먼트: 스마트폰 등 첨단 기기에 익숙하지 못한 사람에게 '이런 것도 모르냐'면서 무시하고 압박을 가한다.

결국 말투가 문제다. 괴롭힘, 즉 하라스먼트의 대부분은 언어가 원인이다. 물론 마음에 안 드는 게 있으면 무조건 '하라스먼트'를 갖다 붙이는 모습 역시 불편하긴 하다. 하지만 아니 땐 굴뚝에 연기가 나지 않듯 누군가는 이런 언동들로 인해 분명 상처를 받았기에 한 사회의 유행어가 된 것이라고 본다.

그래서일까? 과거를 생각해보면 최근의 직장 모습은 다소 삭막하다. 후배에게 업무상 지적할 것이 있어도 웬만하면 모른 척

하고, 개선하도록 충고해주고 싶어도 입을 다문다. 뒤통수에 대고 손가락질은 할지언정 눈을 맞추고 솔직하게 꾸중은 하지 않는다. 관계는 자연스레 물과 기름처럼 빙빙 겉돈다.

안타깝다. 선배는 부장이 되어서도 후배에게 맡길 일을 혼자 다하는 만년대리 역할을 하고, 후배는 프로가 되기 위해 단련하고 훈련하는 과정을 잃어버린 채 입사 몇 년이 지나도 적응을 못하고 이직 생각만 가득하다. 서로가 무덤을 파고 있는 격이다.

할 말은 해야 한다.

젊은 친구들에게만 발언의 기회를 일방적으로 주려는 최근의 사회 분위기에 대해 나는 반대한다. 물론 충고와 조언, 더 나아가 꾸중에도 기술이 필요한 건 사실이다. 그래서 조심스럽지만 '꾸중의 기술'을 조직 문화 관점에서 제안해볼까 한다. '지적질'에만 익숙한 선배들이 후배를 아끼는 마음으로 솔직하게 잘못하는 부분이나 아쉬운 부분을 일러주어야 하기 때문이다. 먼저 그 어떤 조언이나 질책에도 개인 감정을 싣지 않도록 유의한다.

"너는 머리가 장식이냐?"
"대체 생각이 있는 거야, 없는 거야?"
"지금 그걸 아이디어라고 내놓은 겁니까?"

"이 친구 정말 안 되겠네. 왜 이렇게 말귀를 못 알아들어?"

"내가 몇 번을 얘기해야 해?"

"정신을 어디다 두고 다니는 거야?"

"하겠다는 거야 말겠다는 거야?"

"그렇게 할 거면 집어치워!"

설마 이런 말을 내뱉는 사람이 아직도 대한민국의 기업에 있을까? 없으리라고 확신한다. 자기 무덤을 파는 일이고 자기가 속한 조직의 품격을 떨어뜨리는 최악의 말투다. 옳은 이야기를 하더라도 말에 화가 섞이면 진의가 흐려지고 가치가 사라진다. 부정적인 메시지에 긍정의 감정을 담아 말하면 긍정이 남고, 긍정적인 메시지에 부정의 감정을 담아 말하면 부정이 남는다. 이를 구별해야 한다. 다음을 통해 확인해두자.

(○) 부정 메시지에 긍정의 감정을 담으면 ⋯⋯▸ 긍정 표현

"수고 많았는데 고생스럽겠지만 이 보고서는 다시 써야겠어. 근거 자료가 미흡해. 오늘 야근을 해서라도 끝내야겠는데 가능할까?"

(×) 긍정 메시지에 부정의 감정을 담으면 ⋯⋯▸ 부정 표현

"뭔 일이야? 오늘 보고서는 좋네. 직접 쓴 건지 안 믿기지만 보고

서를 다 끝냈으니 오늘은 그만 퇴근해."

조언 혹은 충고를 할 때는 상대방에게 전달할 메시지뿐 아니라 감정도 준비해야 한다. 말투에 짜증이 담겨 있으면 그 말이 아무리 필요하고 중요한 메시지라도 문제만 일으킨다. 반드시 해야 할 말이 있다면 더더욱 대화의 디테일을 챙기자. 짜증은 잠시 접어두고 애정과 기대를 담아서 말하겠다고 다짐하자. 대화의 내공은 그렇게 단단해질 테니까.

때와 장소를 가릴 줄 알면 대화가 부드러워진다

한 제조업체에서 국내영업 부문을 담당하고 있는 임원과 대화를 나누었다. 그는 '영업사원이 고객에게 신뢰 받는 비결'을 이렇게 말했다.

"고객이 아플 때 더 크게 아파하고 함께 울어주면 됩니다. 그 순간을 놓치면 고객을 모시는 영업사원으로서 자격이 없습니다. 고객에게서 영업사원이 들어야 할 말은 '이 대리님은 정말 저보다 더 우리 회사를 위하시는 것 같아요'입니다."

그는 세일즈 토크의 핵심 능력으로 '공감'을 꼽았다. 공감이란 상대방의 입장에 서는 일이다. 고객보다 더 고객의 회사를 생각하는 능력 있는 영업사원을 마다할 고객은 없다. 물론 이 공감 능력은 꾸준한 노력을 통해서 훈련된다.

공감 수준이 높아질수록 대화는 배려로 가득해진다. 악화될 관계도 극적으로 개선된다. 팀의 아침 회의에 참석했는데 잠시 후 회의실로 부장이 얼굴을 구긴 채 들어왔다고 해보자. 서류를 탁 책상에 던지듯이 놓고는 짜증 가득한 얼굴로 말한다.

"여러분은 도대체 숫자 개념을 어디다 팔아먹은 겁니까?"

아무런 배경 설명조차 듣지 못한 당신 그리고 동료들은 순간 당황을 넘어 황당할 것이다. 밑도 끝도 없이 질책하는 부장의 말에 언짢기만 할 테다.

'이 인간은 왜 일주일을 시작하는 날에 기분을 잡치게 만드는 걸까? 이렇게 밑도 끝도 없는 말을 언제까지 들으면서 직장생활을 계속해야 하나?'

그러곤 소리라도 지르고 싶을 게다.

'왜 오자마자 부정적인 말로 한 주를 시작하려 합니까? 좋은

말로 시작해주십시오!'

개인적으로는 이런 말도 편하게 할 수 있는 조직문화가 우리 기업의 미래가 되어야 한다고 생각한다. 하지만 '언젠가 다가올 평화롭고 수평적인 조직문화'를 기다리기만 할 것인가? 지금 당장 조금 더 편하고 안정된 관계가 우리에게는 필요하다. 어떻게 해야 할까? 힌트는 '공간의 이동'이다. 공간의 이동이 대화를 평화롭게 만든다.

상대방을 이기는 게 목적이 아니라면, 원하는 것을 얻는 것이 진짜 목적이라면, 《손자병법》의 한 구절을 통해 '대화 전쟁터'에서 이겨내는 방법을 얻을 수 있다.

전쟁터와 전투 시간을 미리 알고 있으면, 천릿길을 갔다 하더라도 적과 싸워 이긴다. 그러나 전쟁터와 전투 시간을 알지 못하면 같은 부대라도 왼쪽이 오른쪽을 구할 수 없고 그 반대의 경우도 마찬가지다.

전쟁에서 전쟁터가 도대체 어디인지 알아야 하는 것처럼 커뮤니케이션에 있어서도 커뮤니케이션 장소의 선택이 중요하다. 즉 밑도 끝도 없이 질책으로 시작하는 상사의 잔소리를 들을 경우,

우선 잘 듣고(제풀에 지칠 때까지) 다음으로 상대방의 상황을 관심 있게 바라보고 마지막으로 할 말이 있다면 대화가 잘 이루어질 만한 장소를 찾아 말할 기회를 보라. 상사가 어느 정도 화를 누그러뜨린 상태에서, 대화를 나누기 편한 장소로 '대화 전쟁터'를 옮기라는 말이다. 이를 위해 먼저 상대방의 상황을 이해하는 마음이 필요하다.

'왜 저 사람은 저렇게 말을 험하게 하는 걸까?'

'새벽 일찍부터 나와 임원회의에 참석하고 왔다던데 혹시 질책을 당한 건 아닐까? 요즘 회사에서 실적 압박이 장난이 아니라고 하던데, 우리 팀 실적이 안 좋아서 그런 건 아닐까? 그렇다면 내가 먼저 위로의 말을 해야 하는 게 맞지 않을까?'

'막말'을 한 부장이 안쓰럽게 느껴질 테고 생각은 다음처럼 이어질 것이다.

'역시 리더는 아무나 하는 게 아니야. 스트레스가 얼마나 쌓일까? 점심 먹고 커피라도 한 잔 사드려야겠다. 하나 더, 나도 언젠가 리더가 될 테니 바람직한 리더의 언행을 고민해봐야겠다.'

이제 해야 할 일은? 점심식사 후 부장에게 가서 한마디한다.

"부장님, 오늘 아침 회의 시간, 힘드셨죠? 커피 한 잔 제가 살게요. 바람이나 쐬시죠."

이렇게 할 수 있는 당신, 관계를 불러오는 대화의 달인이다. 배려와 공감을 말로 표현해내는 당신이 진정한 언어의 마법사다. 당신이 미래의 승리자가 될 수밖에 없다.

'마지막으로'는
딱 한 번이면 충분하다

옛날 옛적에는 매주 월요일 아침에 전교생이 참여하는 '조회' 라는 게 있었다. 보통 교내 방송으로 조회 시그널 음을 틀어주는 데, 거의 대부분의 학교가 〈라데츠키 행진곡〉을 사용했다.

학생들은 이 음악을 듣는 순간 마치 좀비를 연상하는 걸음걸 이로 비척비척 교실을 나와 운동장을 향해 걷는다, 우왕좌왕하 면서 줄을 서는 과정이 이어진다. 곧이어 국민의례와 애국가 제 창 등을 연이어 하고, 학생 상벌 사항, 학교 공지사항 발표와 교 장선생님의 훈화가 이어진다. 마지막은 교가 제창으로 조회가 끝난다. 참고로 내가 다닌 고등학교는 교가도 3절까지 다 불렀다. 뭐, 그것에 대해서는 크게 불만이 없었다.

문제는 교장선생님의 '훈화'였다. 이는 조회의 핵심이라고 할 만한 부분인데, 여기서 학생들은 '별로 대단하지도 않은 말을 얼마나 길게 늘여서 할 수 있는가?'를 알게 된다. 극한 추위나 더위 등 기상조건이 좋지 않을수록 훈화는 더 길게 느껴진다. (상대성 이론?) 특히 더운 날이 문제다. 여기저기에서 쓰러지는 친구들이 보였으니까. 부축을 받고 양호실(지금의 보건실)로 실려 가는 친구들이 어찌나 부럽던지. 쓰러지는 이유야 학생마다 다르겠지만, 교장선생님의 이 한마디에 정신줄을 놓는 경우가 많지 않았을까 싶다.

"마지막으로 하나만 더 덧붙인다면…."

더위에 학생이 쓰러져 실려 나가도, 추위에 발이 얼어 감각이 없어져도 교장선생님은 저 관용구로 말씀을 계속 이어갔다. 이런 기이하고 비효율적인 광경은 사회에 나와서도 흔하게 반복되었다. 교장이든 사장이든 회장이든, 위에 있는 사람은 한번 잡은 마이크를 놓지 않으려 했다. 그것이 노래방 마이크일지라도.

그러고 보면 요즘은 세상이 좋아졌다. 이제는 교장선생님이 스스로 훈화를 하지 않겠다고 선언하는 시대가 되었다. 서울의 모 여고 교장선생님이 학교 분위기를 밝게 하는 방법 중 하나로, 전체 조회 시간에 훈화를 하지 않기로 했다. 대신에 학생들이 사회 보고, 질의하고, 발표하도록 했다.

그 변화에 마음을 담아 박수를 보낸다. 마음 한편으로는 밝고 경쾌한 쌍방향의 대화로 조회 모습을 바꾸는 데 도대체 왜 수십 년이나 걸려야 했나 안타까운 마음도 든다. 잘못된 소통 형식에 익숙해져 나쁜 점을 들여다보려는 노력조차 하지 못한 기성세대의 책임이다.

물론 좋게 생각하고 싶기도 하다. 교장선생님들이 어린 학생들에게 당부하고 싶은 말이 있어서, 애정이 있어 그랬다고 말이다. 하지만 학생의 귀에 잘 들어오지도 않는 말을 더위, 추위와 관계없이 부동자세로 아이들을 세워놓고 말하기에만 열중했던 행동은 아무리 생각해도 학생들에 대한 공감 부족이라는 혐의를 씌울 수밖에 없다.

훈화를 하고 싶다면 더위와 추위를 봐가면서, 짧게 그리고 핵심만 간단히 5분에서 10분 내외로 말했어야 한다. 첫째, 둘째 하다가 '마지막으로'라는 말을 끝도 없이 반복하는 그런 잔인함은 자제했어야 했다. '마지막으로' 대신 이렇게 끝내야 옳았다.

"제 얘기를 듣느라 더운 운동장에서 10분이나 서 있게 해서 미안합니다. 감사합니다."

그나저나 '훈화(訓話)'라는 단어가 영 마음에 들지 않아서 이리저리 그 기원을 찾아보았다. '훈화'는 상사가 부하에게 훈시한다는 일제강점기 때의 군대 용어로, 감시와 통제를 위해 사용했다. 이번 기회에 훈화라는 말 자체가 없어지면 좋겠다. 여전히 사용하는 학교가 있다면 지금 당장 '교장선생님 훈화'에서 '교장선생님 말씀'으로 바꾸기를 권한다.

아니, 취소다. 가능하면 훈화든 말씀이든 모두 없어졌으면 좋겠다. 일방적인 훈화가 아니라 학교의 주인인 학생들이 자유롭게 자기 의견을 나눌 수 있는 토론의 자리를 마련해주자. 교장선생님의 말은 줄이고 학생들의 자유로운 말 늘리기, 그보다 멋진 학교가 또 어디 있겠는가.

할 필요가 없는 말은 하지 않는 것도 관계를 불러오는 대화를 할 줄 아는 사람으로 인정된다.

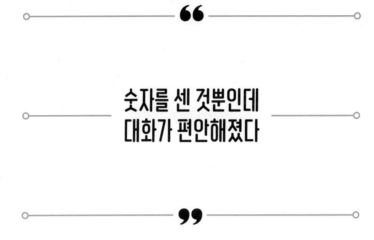

한 사람을 선택한다. 가까운 사람이면 좋다. 남편, 아내, 아이들… 이제 그와 '사랑'의 말을 10분간 나누겠다고 하자.

지금부터 시작!

잘되었는가?

이번에는 그와 '짜증' 혹은 '분노'가 섞인 주제를 하나 선정하여(예를 들어 상대가 자녀라면 약한 과목의 시험 성적) 10분이라는 시간 제한을 두고 대화해보자.

어떤 말을 할 때 시간이 빨리 흘러갔는가? 어떤 때 더 많은 말을 하게 되었는가?

안타깝게도 좋은 말, 기쁜 말, 사랑의 말을 하면 시간이 천천히 간다. 그런데 화를 내는 말, 짜증 내는 말, 분노에 가득한 말을 하면 시간이 빠르게 간다. 왜 화를 내면 시간에 가속도가 붙을까?

이런 연구 결과가 있었다.

'개별 경험은 시간이 천천히 흐르게 만들고, 뭉쳐진 경험은 시간을 빠르게 느끼게 한다.'

즉 시간이 빠르게 흐른다고 느끼는 것은 개별 경험들이 뭉쳐 하나의 덩어리로 인식되기 때문이라는 말이다. 어릴 때는 거리를 걷는 것 자체가 모두 개별 경험들이 된다. 빌딩도 보고, 버스도 보고, 공원도 본다. 비가 내리면 비도 맞고 눈이 내리면 눈 덮인 나무도 본다. 모든 풍경과 사건이 각별해 별개의 기억으로 경험되기에 시간은 천천히 흐른다.

하지만 어른에게는? 거리를 걷는 건 그저 흘러가는 장면일 뿐이다. 자극이 없으니 경험은 단순해지면서 뭉쳐져 시간이 금방 흘러간 것처럼 느껴진다.

사랑의 말을 할 때는 행복하다. 행복은 늘 개별적이고 의미 있는 경험이다. 그러니 시간이 천천히 간다. 짜증의 말을 할 때는 결과만으로 뭉뚱그려져 시간이 순식간에 흘러가는 것이다.

나를 되돌아본다. 아이들과 아내에게 사랑의 말을 하는가? 얼마나 오랫동안 사랑의 언어를 구사했는가? 화를 낼 때는 어떠했던가? 짜증을 내며 분노를 표출할 때 순식간에 지나가버린 시간에 미안함과 어이없음을 알아챈 적이 꽤 있지 않았던가?

사랑하는 사람들과 아름다운 시간을 만드는 대신 화를 내며 시간을 낭비한다면 안타깝다. 그러니 분노가 마그마처럼 솟아오를 때 말로 바로 내뱉지 말고 마인드 컨트롤을 해서 짜증과 분노의 말을 줄여나가는 습관을 키우자. 어떻게 해서든지 화를 내는 시간을 컨트롤하고 그 시간을 아껴서 사랑의 말을 해야 한다. 이를 위한 몇 가지 팁을 기억해두자.

첫째, 숫자를 센다

감정 조절을 못하면 하루하루가 괴롭고 곁에 있는 사람마저 함께 힘들어지기 마련이다.

화가 치밀어 오를 때는 1부터 10까지 숫자를 차근차근 센다. 천천히 심호흡을 한다. 10까지 숫자를 세는 몇 분 동안 느긋해지면서 화를 진정시킬 수 있다. 거친 말이 밖으로 나가는 것도 막을 수 있다.

심리 상담이나 명상에서도 적극적으로 활용하는 방법으로 반복 연습과 훈련으로 습관화하면 좋다. 분노 예방과 통제에 매우 효과적이다.

둘째, 문제의 장소를 잠시 피한다

화가 나서 도저히 참을 수 없거나, 되돌릴 수 없는 일을 저지를 것 같거나, 후회할 말을 해버릴 것 같을 때는 그 자리를 피하자. 화가 나는 상황에서 한 발 물러서는 것이다. 단 상대에게 자리를 피하는 이유를 분명하게 설명한다.

"당신과 더 얘기하다가는 화를 계속 낼 것 같아요. 그래서 지금은 내가 자리를 뜨는 편이 낫겠어요."

혼자가 되면 심호흡하면서 감정을 진정시킨다. '별것 아냐', '괜찮아'라고 혼잣말을 하는 것도 방법이다. 클래식 같은 편안한 음악을 듣거나 일기를 쓰는 것도 마음의 안정에 도움을 준다.

화를 내는 자기 모습을 거울로 들여다보는 것도 괜찮다. 화를 낼 때 찌그러지는 미간과 붉으락푸르락해진 미운 모습을 묵묵히 바라보자. 분노의 얼굴을 가만히 들여다보면 상대방이 화를 내는 내 모습을 어떻게 바라보는지 깨달을 수 있다.

마지막으로, 도움을 청한다

분노를 참지 못하거나 혹은 참기만 하고 제대로 표현할 줄 모르면, 전문가의 도움을 받아보자. 성격이 급하고 금방 흥분하는 편이거나, 화가 났을 때 거친 말을 하고 폭력을 쓰거나, 물건을 집어 던진다면 분노 조절이 제대로 되지 않는 경우일 수 있다. 이럴 때는 혼자 애쓰지 말고 적극적으로 신경정신과 전문의와 상담해보자. 전문가의 의견에 따라 필요하면 약물 치료를 받는 것도 좋은 방법이다.

분노에 휘둘리면 말이 많아진다. 또한 거칠고 냉정해진다. 이때 우리의 입에서 나오는 말들은 나를 지키기보다 해치기 쉽다. 언어의 양(量)은 많아지고 말의 품격은 떨어진다. 그렇게 험한 말들을 세상에 쏟아내면 주변 사람들과의 관계가 바람직하지 않은 방향으로 흘러간다.

화가 날 때마다 스스로를 객관적으로 바라보는 연습을 하자, 숫자를 세고, 분노의 자리를 피하면서 말이 헛되이 나오지 않도록 훈련하자. 나를 지키고 성장시키는 꽤 괜찮은 방법이 된다. 그렇게 폭력적인 말을 줄이고 그 줄여낸 시간으로 잠시나마 사랑의 언어를 나누면 관계가 좀 더 부드러워진다.

'인싸'가 연봉이
높은 덴 이유가 있다

'인싸'라는 말이 유행이다. '인사이더'의 줄임말로 자신이 소속된 무리에서 적극적으로 어울려 지내는 사람을 일컫는 콩글리시 표현이다. 그런데 그거 아는가? 인싸가 되고 싶다면 우선 긍정의 언어부터 습관화해야 한다는 것을.

중견기업의 한 이사님이 이런 말씀을 했다. '세상에서 가장 듣기 싫은 말'이 두 가지가 있단다.

"그게 아니고요…"

"네?"

평소 이런 말들과 친하다면 지금 당장 결별을 선언해야 한다. 직장인이라면 더욱 그러하다. 이런 말은 변명 혹은 반항처럼 들린다고 한다. 회사는 변명과 반항의 말을 들어줄 여유가 없다.

나는 직장이란 곳에서 상사가 부하직원의 말을 아낌없이 받아들일 줄 아는 시대가 와야 한다고 생각한다. 하지만 바람직한 미래만 그저 기다릴 수는 없다. 당장 내가 재직 중인 회사 사람들이 격한 토론 대신 긍정의 언어를 선호한다면 긍정 마인드로 대화하는 사람으로 자신을 '포지셔닝'하는 게 맞다.

부정적인 말을 자제하고 긍정의 언어로 자신을 감싸야 하는 이유가 또 있다. 자신의 성장을 위해서다. 다른 사람에게 잘 보이려고? 다른 사람 기분 좋게 하려고? 물론 그런 이유도 있겠지만 결국 핵심은 자기성장이다. 타인에게 상처를 주지 않으면서 자기성장을 가능하게 하는 것, 바로 긍정의 언어다.

긍정은 늘 중요하다. 커뮤니케이션할 때 굳이 우울함을 택할 필요가 없다. 환경이 팍팍하더라도 방어적이기보다 능동적인 모습을 억지로라도 보여주는 것이 낫다. 잘 안 된다면 스스로에게 최면이라도 걸어보자.

어느 프로 골프 선수는 자신의 '굿 샷' 비결을 이렇게 말했다.

"티샷을 실패했을 때 다음 장소로 이동하면서 '임팩트가 약했어, 절대 세컨드 샷에서 실수하지 말아야지'라고 생각하지 않는다. 오히려 이렇게 생각한다. '경치 좋다, 세컨드 샷은 어디로 보낼까?' 그게 나의 성공비결이다."

내가 '아니다'라고 말하는 그 순간, 정말 될 것도 되지 않는다. 나의 성장은 딱 그만큼에서 멈춘다.

아래의 두 문장 중에서 무엇을 선택해야 할까?

① 프로젝트에 실패하지 말아야지!

② 프로젝트에 성공해서 포상 받아야지!

②와 같이 말하는 당신이 되기를 바란다. 긍정의 언어가 입에서 나오는 순간부터 당신 주위의 모든 일들이 '신기하게' 성공을 도와주려고 달려든다. 부정적인 생각이 가득할수록 대화가 길어질 수밖에 없다. 긍정에 불필요하게 시비를 거는 사람은 거의 없으니 말이다.

말은 성공의 근원이 되어야 한다. 부정적으로 말하는 습관을 긍정적으로 바꾸는 방법을 찾아보자. 예를 들어본다.

[부정의 말 ⋯▶ 긍정의 말]

말이 너무 많구나. ⋯▶ 어쩌면 그렇게 표현을 다양하게 하니.

쪼쪼하다. ⋯▶ 세심한 데까지 신경을 쓰는구나.

너무 냉정한 거 같아. ⋯▶ 맺고 끊는 게 확실한걸!

왜 이렇게 겁이 많은 거야. ⋯▶ 조심성이 있구나.

긍정적으로 말한다고 우습게 보는 사람은 없다. 긍정적으로 행동한다고 고깝게 보는 사람도 없다. 부정적이며 비관적인 사람은 상대에게도 부정의 바이러스를 감염시킨다. 누구든 이런 사람이 되고 싶지는 않을 거다. 긍정의 언어를 나의 입에서 나오는 모든 표현에 덧칠해야 한다.

매사에 부정적이 되어 "도대체 저 사람은 왜 저래?"라는 말이나 듣고, 그에 대해 변명하거나 설명하느라 시간을 헛되이 쓰지 말자. 모든 일에 긍정적이 되어 타인에게서 "저 친구, 활기차고 멋진데!"라는 찬사를 듣고 어깨 한 번 으쓱하며 지내는 것이 훨씬 낫지 않은가!

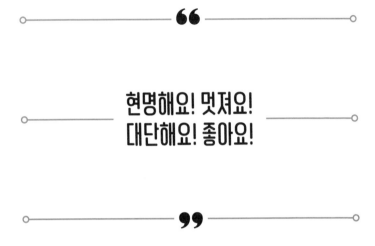

현명해요! 멋져요!
대단해요! 좋아요!

등산이 취미다. 스트레스를 받을 때마다 노고단에서 천왕봉까지의 지리산 종주를 즐겼다. 삶이 퍽퍽하고 외롭다는 생각이 들 때마다 백담사에서 마등령을 거쳐 설악에 올랐다가 천불동으로 내려오는 길을 헤맸다. 그렇게 스트레스와 외로움을 이겨냈다.

산에서 가장 힘들 때는 정상을 눈앞에 두었을 때다. 정상에 오르기 직전의 경사는 늘 가파르다. 몇 시간을 걸어왔지만 정신적으로나 체력적으로 가장 힘들게 느껴지는 시간은 정상을 눈앞에 둔 10분 내외다. 대화도 마찬가지다. 특히 무엇인가를 얻기 위해 커뮤니케이션을 할 때 역시 마지막 순간이 가장 힘들다.

치열했던 협상일수록 마지막은 오히려 '팩트'보다 '감정'에 호소하려는 노력이 필요하다. 상대가 바라는 것이 무엇인지 간파해 마지막 순간에 이르더라도 '이제 다 됐다'면서 마음을 놓기보다는 상대방의 말 한마디에 '관심'과 '인정'을 주면서 따뜻하게 마무리해야 한다. 예를 들어보자.

상대: 윗분들께서 다시 한 번 다른 경쟁사와 비교해보라고 하네요. 어쩌죠?
당신: 네, 그럼 제가 다른 경쟁사와 비교한 자료를 보내드릴게요.

예의바르게 잘 대처한 듯 보이지만 안타깝게도 적절한 대응은 아니다. 이렇게 말할 수 있어야 한다.

상대: 윗분들께서 다시 한 번 다른 경쟁사와 비교해보라고 하네요. 어쩌죠?
당신: 힘드시겠어요. 김 과장님이 그동안 최선을 다한 걸 윗분들이 아직 잘 모르시나 보네요. 제가 만난 최고의 프로젝트 매니저 중에 한 분인데 말입니다. 분명히 윗분들도 곧 김 과장님의 수고

를 아실 겁니다. 아, 말씀하신 것은 저도 한 번 찾아보겠습니다.

상대를 내 사람으로 만드는 데는 딱 네 개의 단어가 필요하다.

현명하다
멋지다
대단하다
좋다

유치한 표현이라고 여겨진다면, 입장을 바꿔서 내가 그런 말을 듣는다고 생각해보라. 누군가 나에게 이렇게 말해준다면 얼마나 기분이 좋겠는가.

"김범준, 자네는 정말 일처리하는 것 하나만 봐도 현명하다는 생각이 들어!"
"와, 범준 씨가 이렇게 멋진 사람인 줄은 몰랐어요."
"대단해요. 아무나 할 수 없는 일을 범준 씨가 해냈군요!"
"나는 범준 씨가 참 좋아요."

위의 네 문장을 글로 쓰기만 했는데 나는 기분이 좋아졌다. 내가 나를 인정해주는 말로도 이렇게 기분이 좋아지는데, 타인이 말해준다면 정말 감동할 것 같다. 이 말이야말로 백 번을 써도 부족함이 없는 말선물이다. 이런 말을 적재적소에 사용할 줄 아는 사람이야말로 관계를 불러오는 대화의 달인이다.

상대방에 대한 이해와 인정이 중요하다. 이 말을 쓰고 또 활용하자. 생각해보면 우리는 페이스북에서 누군가가 내 게시물에 '좋아요'를 눌러주는 것만으로도 행복해지는 사람들이다. 인간이란 그만큼 복잡한 것 같으면서도 단순하다.

'좋아요' 하나로도 상대방을 기분 좋게 해줄 수 있는데 '현명하다', '멋지다', '대단하다'라는 추임새(!)까지 더한다면 대화의 달인으로서 완벽한 것 아닐까? 딱 네 단어로 대화 상대방의 마음을 즐겁게 해주는 능력, 지금 당장 사용해보자.

4장

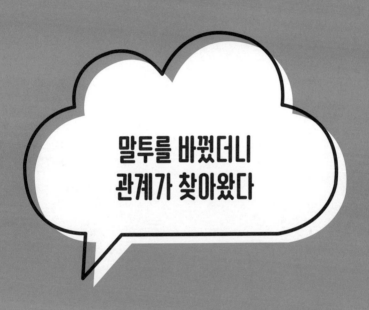

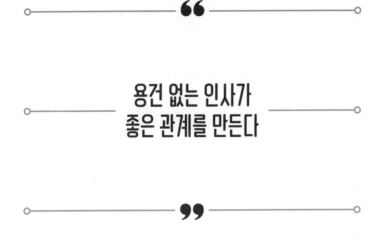

용건 없는 인사가
좋은 관계를 만든다

우리는 세상과 다툰다. 설득하려고 애쓰는 사람들과 설득당하지 않으려 애쓰는 사람들의 한판 승부 속에서 매일 힘겨운 싸움을 하면서 살아간다. 긴 설득 끝에 값진 승리를 얻어내는 기쁨도 있지만 어이없는 설득을 당하고 한탄하기도 한다.

어쩌다 보니 설득만이 대화의 모든 것이 되어버렸다. 아쉽다. 언어의 시작과 끝을 설득에만 초점을 맞추는 건 뭔가 비인간적이다. 득과 실만 있는, 냉정해진 인간관계만 남은 것 같아 서늘하다. 나도 이런 말투, 이런 관계에 익숙해져버렸다. 그래서일까,

내가 힘들어하는 일 중 하나는 '싫어하는 사람과 용건이 없는데도 말하기'다.

싫어하는 사람? 범위를 넓혀서 생각하면 '대하기 힘든 사람'일 수도 있겠다. 짜증만 부리는 직장상사 혹은 밑도 끝도 없는 일방적인 요구를 하는 고객 등이다. 이런 사람과의 대화는 어렵다. 그런 사람들과 대화를 잘 나누라고 회사에서 월급을 주는 것일 테다. 그래도 여전히 특별한 말할 거리가 없는데, 어색한 사이에서 할 말도 없는데 이런저런 이야기를 나눠야 하는 건 매번 난감하다.

하지만 바로 이 지점이 대화력을 키우려는 사람에게는 발상의 전환을 해볼 기회가 된다. '특별한 용건 없이도 대화를 나눌 줄 아는 능력'을 길러내는 것이다. 별다른 이슈가 없음에도, 아니 냉정해진 관계에서도 어떻게 해서든 편안한 대화를 할 수만 있다면 그건 하나의 능력이요, 역량이 되기 때문이다. 어떤 방법이 있을까?

가볍게 안부를 묻는 것이 하나가 될 수 있다. 편한 안부인사 한마디로 친밀감을 높일 수 있다. 생각이 행동을 이끌어내지만, 반대로 행동을 통해 관련 태도를 만들 수도 있다.

한동안 소식이 없던 친구에게 전화를 한다. 그리고 말한다.

"그냥 궁금해서 전화했어. 잘 지내지?"

특별히 나쁜 기억을 주고받은 관계가 아니라면 이런 말을 듣고 짜증 낼 사람은 별로 없다. 단, 여기에는 전제가 있다. 진짜 특별한 용건이 없어야 한다. 그래야 가벼운 인사를 들은 상대방이 기분 좋은 마음을 가질 수 있다.

일터에서도 이런 방법을 활용해보자. 직원들과 친밀하게 지내길 원하는 리더라면 거창한 배려, 대단한 리더십을 보여주기 이전에 먼저 후배들에게 '용건 없이 안부'를 물어보자. 간결한 인사말로 관계를 회복시키거나 유지하고, 나아가 발전시킬 수 있다면 얼마든지 활용해볼 만하지 않은가!

언젠가 한 중견기업의 임원이 가장 존경하는 상사, 가장 보고 싶은 상사를 말해준 적이 있다. '용건 없이 안부'를 물어보던 그의 상사는 늘 다음과 같은 말을 했단다.

"별 일 없지?"

"잘하고 있지?"

"힘든 일은 없어?"

"도와줄 일은 없고?"

자신의 책상 옆을 지나가면서 불쑥 고개를 내밀고 약간은 익살스러운 말투로 던지는, 하지만 예의를 갖춰 용건 없는 안부를 자주 물었다고 한다. 그 인사는 단순할 정도로 짧았지만 거기에는 어떠한 의심이나 짜증이 없었고 믿음과 신뢰만 가득했다.

이쯤에서 나를 돌아본다. 나는 누군가에게 용건 없이 안부를 묻고, 용건 없이 말을 건넨 적이 있었던가. 늘 사무적이지는 않았는가. 특별히 할 말이 없다고 소통 그 자체의 끈조차 놓아버리고는 스스로 괜찮다면서 착각하고 있지는 않았던가.

지금이라도 문득 생각나는 누군가에게 문자 메시지라도 하나 보내야겠다는 생각을 해본다. 이렇게.

"잘 지내지?"

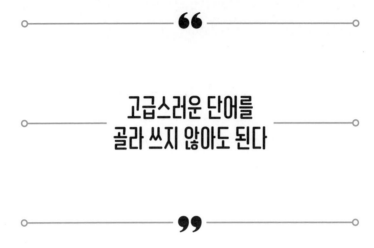

고급스러운 단어를
골라 쓰지 않아도 된다

글 쓰는 것, 뭐라고 해야 할까? 재미있다.

언젠가부터 '작가'라는 이름을 듣게 되면서 더 재미있어졌다. 누군가 나의 이야기를 들어준다는 것, 가슴 뿌듯한 일이다. 그 사람이 누구든지 관계없다. 소중한 시간을 내어 나의 이야기를 이리저리 구경하는 건 나에게 감동으로 다가온다. 지금도 '내가 쓰는 이 글을 누군가 읽어줄 것이다'라고 생각하니 가슴이 설렌다. 그게 내 삶의 재미인 것 같다.

하지만 글이란 게 어디 바로바로 머리에서 떠오르고 손끝으로 옮겨 적기만 하면 되는 일이던가. '어쩌다 그런 때도 있었다'라고 말할 수는 있지만 가만히 있어도 저절로 글이 써지는 건 아니다. 정말 좋아하는 작업이지만 어쨌거나 노력이 필요하다. 아무리 애써도 글이 써지지 않을 때는 가끔 요령을 피운다.

어느 날은 영 글이 써지지 않았다. 이미 가을의 한복판에 있을 시기로 꽃게 수놈의 살이 실팍하게 오른 그때쯤 나는 꾀를 부렸다. 초등학교 친구들이 안부를 묻고 가끔씩 만나서 맥주 한잔하는 온라인 커뮤니티에 이런 글을 올렸다.

"친구들아, 지금까지 살아오면서 들었던 말 중에 기억에 남는 따뜻한, 감동적이었던 누군가의 말이 있는지 모르겠다. 혹시 있다면 댓글로 적어줄래? 그런 거 있잖아, 생각하면 가슴이 뭉클하고 한 번 더 고민하면 눈물이 나올 정도로 마음을 울컥하게 했던 말들. 썩 괜찮은 얘기를 써준 친구들 중 세 분을 선정하여 무제한 전어구이와 소주를 대접하겠음!"

나의 계략(?)은 적중했다. 많은 친구들이 댓글로 자신의 이야기를 들려주었다. 어느 날, 댓글이 아닌 메신저로 초등학교 친구가 말을 걸어왔다. 댓글로 올리기에는 민망하다면서 말이다.

"어렸을 적 아빠는 외국 출장을 가시면 우리 다섯 남매에게 한 장씩 격려와 희망의 글을 적은 엽서를 보내주셨다. 꾹꾹 눌러 쓴, 사연을 가득 담은 엽서는 가끔 아빠보다 늦게 도착하기도 했다. 한 번은 편지의 말미에 내게 이렇게 쓰셨다. '우리 딸, 아무 걱정 말고 하고 싶은 것을 하렴. 아빠가 든든한 버팀목이 되어줄게.' 아빠의 지지와 사랑이 뭉글뭉글 느껴지는 마지막 글은 자존감 풍만한 어른으로 성장하는 데 진한 밑거름이 되었다. 아직도 다 큰 딸들을 꼭 껴안고 빙글빙글 돌려주시는 큰 나무 같은 팔순의 아빠! 그분의 지지 덕택에 지금 한 남자의 진실한 반쪽이 되어 두 아이의 푸근한 엄마로 살아가는 또 다른 버팀목으로 성숙할 수 있었다."

그러곤 이렇게 글을 마무리했다.

"완벽한 나를 원하는 게 아니라 있는 그대로의 나를 존중해주시던 아버지에게 지금도 늘 감사를 드리고 있어. 진심으로."

친구의 아버지는 길게 말하지 않았다. 해야 할 말을 진심으로 하는 것에만 집중했다. 그래서일까. 몇 문장 안 되는 아빠의 글에서 사랑의 마음이 더욱 가득 느껴졌다. 특히 '우리 딸, 아무 걱정

말고 하고 싶은 것을 하렴. 아빠가 든든한 버팀목이 되어줄게'라는 문장은 자녀를 가진 부모라면 언제나 사용해도 부족함이 없을 명언이 아닐까 한다.

언어는 자신을 전달하는 매개체다. 어떻게 사용하느냐가 참 중요하다. 만나는 사람에게 내가 하는 일을 잘 설명하고 설득할 수 있어야 업무 효율이 좋아지는 세상이다. 그래서 대화법이나 소통법을 다루는 책을 꾸준히 읽고, 필요하면 대화의 자리를 억지로라도 만들어 지속적으로 학습하고 스킬을 개선시키려 노력한다. 모두 좋은 방법이다.

하지만 그에 앞서 대화의 상대방에게 사랑의 마음을 보내려는, 친구의 아버님과 같은 마음을 먼저 갖는 것이 중요하다. 진심을 담아낼 줄만 안다면 짧은 몇 문장으로도, 고급스러운 단어가 없어도, 사랑의 마음이 자연스럽게 표현될 테다.

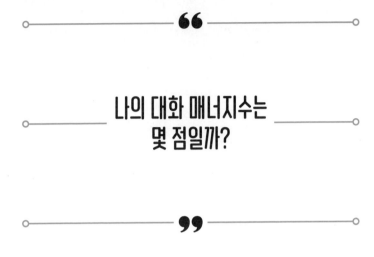

나의 대화 매너지수는
몇 점일까?

나의 대화 매너 수준은 어느 정도일까? 아래 다섯 가지를 보고 자신의 '대화 매너지수'를 체크해보자.

① 대화할 때 가만히 집중하기 어렵다

말은 간결하고 짧게 잘하지만 듣는 건 못하겠다는 사람이 여기에 속한다. 주의가 산만해서 그렇기도 하지만, 상대방의 말 자체에 관심이 없어서이기도 하다. 타인과 둘이서 10분 정도 대화할 때 휴대폰을 손에 쥐고 있는 시간(메신저 확인, 문자 보내기, 메일

알림 확인, 검색하기 등)이 얼마나 되는지 돌아보자. 1분 이상이라면 둘 중 하나를 선택해야 한다. 양해를 구하고 잠시 대화를 중지하든지, 아니면 관계를 엉망으로 만들겠다고 각오하든지.

② 마주 보는 사람의 어디를 바라봐야 할지 모르겠다

대화할 때 '아이 콘택트(eye contact)'는 필수다. 하지만 이 역시 지나치면 하지 않느니만 못하다. 과도한 아이 콘택트는 상대방에게 위협적인 느낌을 준다. 시선을 상대방의 미간과 눈, 코, 턱으로 자연스럽게 이동시키면 상대는 부담을 덜 느끼며 자신과의 대화에 적극적이라고 느낀다. 참고로 상대방이 여성이라면 턱 아래로 시선을 내리는 것은 자제한다. 불필요한 오해를 불러일으킬 수 있다.

③ 대화가 진행될수록 자꾸 말이 빨라진다

말의 속도는 매우 중요하다. 상대방이 따라올 수 있도록 적절히 유지해야 한다. 잘 알아듣도록 중요한 부분은 강조해 천천히 말하고, 중요하지 않은 부분은 조금 빨리 말한다. 특히 중요한 말 앞뒤에서 잠시 멈춰 주의를 집중시키면서 강약을 조절하자.

참고로 말을 빨리 한다는 건 말이 많아진다는 증거다. 그러니 말의 속도가 빠르다고 느껴지면 그 즉시 속도를 늦춘다.

④ 궁금하면 불쾌한 화제라도 꺼리지 않는다

자기 자랑, 타인 험담, 소문이나 루머로 하루를 시작하는 사람이 있다. 특히 직장에서 이런 주제를 아무렇지 않게 대화의 소재로 삼는 건 절대 금물이다. 말은 돌고 돌며 변형되기에 나에게로 다시 돌아오기 전까지 어떤 끔찍한 루머가 되어 돌아다니는지 알 수가 없다. 음담패설, 연예계 가십거리, 타 부서 동료의 사생활 등 공적인 장소에서는 사적인 주제의 대화는 자제한다.

⑤ 조언, 충고, 추궁을 때와 장소를 가리지 않고 한다

직장에서 다른 사람들이 다 들을 수 있는 자리에서 흥분해서 말해서는 안 된다. 잘못을 추궁하거나 잘잘못을 따져야 하는 상황이라면 다른 독립된 장소로 옮겨서 상대방의 상황 이야기도 들어봐야 한다. 반대로 칭찬받아 마땅한 업무 성과가 있더라도 당사자를 지나치게 치켜세우는 일도 삼간다.

몇 개나 해당하는가. 4개? 5개? 괜찮다. 우리는 대화 기술을 제대로 배우고 훈련해본 적이 없다. 앞으로 좀 더 나아지기 위해 하나씩 고치려는 노력을 해보자. 일정 기간 노력하면 말 때문에 피해를 보는 일은 없어지고, 오히려 말 덕분에 칭찬과 격려를 받는 일만 많아질 것이다.

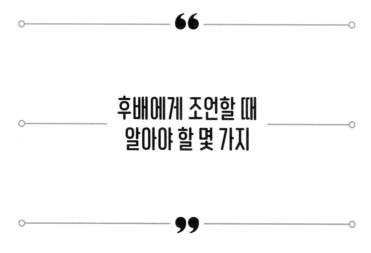

후배에게 조언할 때
알아야 할 몇 가지

언젠가 후배와 대화할 때 유의할 점을 문의받은 적이 있다. 이에 대해 간략하게 코멘트 형식으로 알려준 바 있는데, 당신이 누군가의 선배이고 연장자라면 참고할 만하여 소개를 한다.

Q. **후배/부하직원을 대할 때 숙지해야 할 커뮤니케이션 법칙이 있나요?**

⋯ 공사를 구분해서 말하라. 공적으로는 엄격한 선배, 사적으로는 다정한 선배. 회사에서 부족한 점이 보이는 후배에게는 팩

트 중심으로 개선점을 말하라. 다만, 당신 역시 과거에 실패한 경험이 있음을 이야기 중간에 삽입하라. 잘난 체하는 것처럼 보이면 역효과만 난다. 사적인 면에서는 '당신이 알고 있는 한에서만' 말하라. 관심은 좋은데 잘못된 관심은 무관심보다 나쁜 경우가 많다.

Q. 후배/부하직원과 크고 작은 트러블이 발생했을 때의 커뮤니케이션에서 반드시 유념해야 할 점이 있다면 무엇일까요? 예를 들어 후배/부하직원을 질책해야 할 때는 어떻게 해야 할까요?

⋯ 세 가지를 말한다. 첫째, 나도 그랬다. 둘째, 누군가의 도움을 받았다. 셋째, 고치니 편해지더라. 가장 나쁜 것은?

"그거, 그렇게 하는 거 아니야. 초등학생도 아니고."

Q. 후배/부하직원에게 도움을 요청할 때 어떻게 해야 할까요?

⋯ 도움 요청 방법은 선배나 후배나 동일하다. 3단계 도움 요청법을 활용하라. 1단계, 상대방이 여유가 있는지 확인한다. 2단계, 많은 시간을 빼앗지는 않겠다고 한다. 3단계, 도움을 받았다면 제발 고맙다고 말하라니까!

Q. 후배/부하직원의 태도를 지적하고 싶을 때, 어디까지 지적하

는 게 맞는 건지(어디까지가 업무적인 지적이고 어디부터가 심한 간섭으로 분류되는지) 적정선을 어떻게 정해야 할까요?

… 지적의 대상은 오직 팩트다. 팩트가 아닌 것까지 건드리지 마라. 특히 상대방, 그 자체에 대한 것을 지적하는 것은 범죄다. 상대방이 아닌 한 일, 그것만 말하라.

Q. 나이 차이가 많이 나는 후배를 대할 때 너무 '가르치려드는 선배'로 보이지 않으려면 어떻게 하죠?

… 당신의 성공 사례로 가르치려 하지 마라. 당신의 실패 사례를 통해 후배와 대화하라. 머리 큰 성인에게 가르치려드는 사람은 모두 '꼰대'에 불과하다.

도움이 될 만한 질문과 대답이었는지 모르겠다. 그저 참고만 하길 바란다. 고백컨대, 나는 화려한 화술에는 정말 자신이 없다. 그런데 왜 사람들은 나를 화술이 좋은 사람으로 평가할까?

내가 하나 잘하는 것이 있다면, 말 하나하나를 신경 써서 한다는 점이다. 내 말이 상대방에게 어떻게 전달되는지에 특히 관심이 많다. 무엇보다 누군가에게 상처를 주는 말, 이것만은 피하려고 한다. 나의 이런 노력이 통했는지 세상 사람들은 나와 얘기하면 좀 편하단다. 고마운 일이다.

그런데 예상치 못한 문제가 생겼다. 편하다고 생각해서인지 자꾸만 말을 걸어오는 사람이 많아졌다. 개인적인 고민을 털어놓기도 하고, 미래에 대해 문의하기도 하는데, 솔직히 그럴 때마다 조금은 괴롭다. 내가 어떻게 누군가의 고민에 정답을 줄 수 있으며, 미래를 함부로 말할 수 있겠는가!

그렇다고 대답하지 않을 수는 없으니 가능하면 하나의 원칙을 지켜 답해주려고 노력한다. 바로 길게 답하지 않는 것이다.

사람은 신기하다. 행간에서 나쁜 것을 찾아내는 능력이 있다. 좋은 것을 많이(90) 말하고 나쁜 것을 짧게(10) 말하면 어떻게 될까? 쉽게 설명하자면, 나에게 말을 걸어온 사람의 입맛에 단것을 길게(90) 말하고, 쓴 것을 짧게(10) 말하면 어떻게 될까?

내 경험에 비춰보면 상대방은 대부분 나쁜 것 10에 매달렸다. 90을 좋게 말했음에도 나머지 10에 얽매여 '왜 나를 이렇게 평가하느냐?'면서 '해명'하라고 화내는 사람도 여럿 만났다. 이러한 일을 몇 번 겪고 나서 나름의 해법을 찾았는데, 바로 '긍정적으로 대답을 해주되 짧게 말하는 것'이다.

긍정적으로, 그리고 짧게 말하면 미처 상대방의 문제점에 대해서는 말할 시간 여유가 없다. 많은 대화를 접하다 보니 굳이 나쁜 말을(나쁜 말이라고 해서 오해하지 않기를. 나쁜 말이라기보다는 상대방이 들을 때 쓰게 느껴지는 충고 정도라고 생각하면 되겠다) 해봐야 오히려 분노와 복수로 돌아오는 것을 느꼈다.

이것은 일종의 '거리 조절'이다. 내가 상대를 잘 알고 상대도 나를 잘 아니까 '가까운 거리'라고 판단하고 '편하게' 얘기해도 된다? 아니, 이건 정말로 잘못된 생각이다. 친밀하다고 대화마저 격을 두지 않고 하다 보면 실제 대화의 현장에서는 오히려 문제만 발생한다.

물론 나는 상대의 말을 잘 들어주는 사람이고 싶다. 이해할 줄 아는, 아니 이해해주는 척이라도 잘하는 사람이길 원한다. 하지만 그건 그리 만만치 않은 일이기에 이제는 더 조심하려 한다. 대화는 결국 서로의 선을 지키는 일이라는 것을 알았기 때문이다.

자신의 주장을 지키는 것, 물론 중요하다. 그렇다고 내 주장을 지키기 위해 상대방을 찍어 누르지 말아야 하며, 상대가 말하는 도중에 끼어드는 무례를 범해선 안 된다. 괜한 충고를 하다가는 '무례한 사람'으로 낙인찍히기 쉽다. 이런 오해, 정중히 거부한다.

입을 무겁게 하면 오해도 사라진다. 괜히 입을 벌려 '충고'를 해서 원수가 되느니 차라리 그냥 입 다물고 있는 것이 낫다. 바라건대, 굳이 잔소리 따위를 하지 않아도 알아서 잘하는 사람이 내 주변에 많았으면 좋겠다. 하지만 이것 역시 내 마음이 넓어져야 그렇게 보인다는 것도 잘 안다.

대화에서 핵심은 결국 '말 잘하기'가 아니라 '말 줄이기'다. 남이 아닌 나를 위해서라도 나부터 먼저 말의 양을 줄이려고 노력해야 한다. 그게 나를 편하게 하고, 세상과의 불화도 만들어내지 않는 소통의 기본이다.

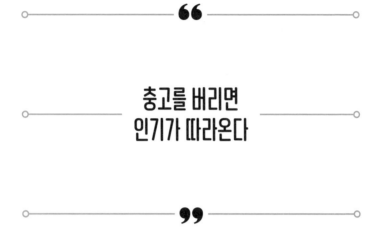

충고를 버리면
인기가 따라온다

'괜찮은 직장 상사'를 만나는 건 세상 모든 회사원들의 꿈이다. 나도 내 말을 잘 들어주는 상사를 만났던 적이 있다. 그분은 내 의견을, 내 불평불만을, 내 반론과 반박을 들어줬다. 내 생각과 감정을 온전히 받아주었다.

마음이 편해서였을까? 눈치를 보지 않고, 위험과 실패를 두려워하지 않고 나는 나를 마구 그에게 던졌다. 다소 무모한 나의 말과 행동에도 그는 나라는 존재를 받아줬다. 나는 그와 함께 있을 때 존재감을 느꼈고, 그에게서 존재 가치를 찾았다. 술을 마시고 집에 가는 길에도 문득 좋은 착상이 떠오르면 그가 생각났다.

'내일 이 얘기를 해드려야지.'

다음 날 출근해 그를 기다렸다. 그의 출근이 늦으면 무슨 일이 있는지 걱정했다. 그가 출장을 가기라도 하면 허전할 정도였다.

이런 관계는 삶에서 흔치 않다. 보통의 직장에서는 쉽게 만들어지지 않는다. 대부분의 관계에서는 부하직원이 아니라 상사가 자신의 존재를 드러낸다. 아래 직원은 입을 닫고 오로지 그가 하는 말을 받아 적는다. 상사의 기분과 감정에 따라 조직의 기상 상태가 바뀐다. 반박하고 싶어도 허벅지를 바늘로 찌르며 참는다. 그렇게 하루하루 무기력을 학습한다. 이런 일이 반복되면서 결국 마음이 무너진다. 그런 사람과 함께해야 하는 조직 구성원을 생각하면 마음이 안타깝다.

자신의 존재가 드러나게 해주는 상사를 만나면 사회생활이 행복하다. 그런 조직에서는 무작정 상사만 말하지 않는다. 충고 따위는 잠시 접어둔다. 일하는 곳이 이런 분위기라면 상사 역시 직원들과 함께 있을 때 마음이 편하다. 업무를 하는 데 필요한 지식, 정보, 경험은 물론이고 그 일을 하는 이유, 배경, 취지, 의도, 목적, 심지어 저의, 속셈까지 편안하게 말할 수 있다. 이런 상사와 함께 일하면 직장생활은 답답하지 않다.

그렇다면 멋진 상사란 어떤 사람일까? 어떻게 말하는 사람일까? 어떤 언어로 상대를 이끌어주는 사람일까? 핵심은 두 가지다.

첫째, 자신의 정보를 아낌없이 오픈해주는 상사
둘째, 부하의 존재가 아낌없이 드러나게 만들어주는 상사

그들의 말은 짧지만 겸손하다. 자신이 아는 정보를 숨기지 않는다. 또한 자기 정보가 100% 옳다고 생각하지도 않는다. 알고 있는 것을 아낌없이 말해주되, 누군가의 의견에 의해 수정되어야 할 순간이 오면 기꺼이, 아니 고맙게 받아들인다. 그런 사람과 함께하는 후배, 구성원은 행복하다. 큰 복을 타고난 사람이다.

오직 직장에서만 해당하는 이야기일까? 세상 모든 모임에서도 마찬가지다. 생각해보라. 어떤 모임에서 인기 있는 사람은 두 부류다. 매우 흥미롭고 도움이 되는 정보를 알려주는 사람과 남의 말을 잘 들어주는 사람이다.

나는 과연 인기 있는 사람인가? 그건 자신의 말에 거짓 환호나 미소로 대해주는 상대방의 표정에서 확인하면 안 된다. 내가 알고 있는 것을 겸손하게 전달하고 또 상대방이 아는 것을 아낌없이 표현하게 만들고 있는지 스스로 체크해야 한다.

공감은 낯선 대화로 다가오는 상대방에게 자신의 모습을 있는 그대로 보여주며 모두 스쳐 지나가게 하는 것에서 시작한다. 찬바람이 몰아치는데 얄팍한 비닐로 방어하려 해봤자 소용없다. 오히려 역효과만 날 뿐이다. 인간은 외로운 존재이고, 그렇다 보니 누군가에게든 관심을 받고 싶어 한다.

돈을 주고 당신 회사의 제품을 구매한 고객이 어느 날 게시판에 불만의 글을 적었다고 해보자. 그 사람은 자신의 불만에 일단 공감받고 싶어 한다. 고객의 불편감에 함께 울어주는 회사만이 살아남을 수 있는 소통의 시대다.

일상에서도 마찬가지다. 나 역시 사람인지라 매번 조심하는데도 가끔 화를 내는 상황이 생겼다. 유감스럽게도 어떤 경우 말이 함부로 나가기도 했다. 대부분 그 이후에 좋은 결과를 얻지 못했다. 화내기보다는 상황 파악이 먼저였어야 했다.

인간관계를 돈독하게 하고 싶다면, 문제가 생겼을 때 말을 하려드는 게 아니라 상대방의 말을 들어주는 게 먼저다. 오늘날 듣기(경청)를 그토록 강조하는 이유도 어쩌면 우리가 먼저 해야 할 것을 하지 못하고 일을 크게 벌이기 때문인지도 모른다. '짧게 말하기보다 더 강력한 소통의 기술은 침묵'이라고 말하는 대화법 전문가들이 많은 것도 아마 이 때문이 아닐까.

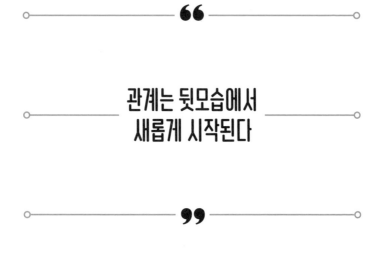

관계는 뒷모습에서
새롭게 시작된다

내가 전화통화를 할 때 자주 쓰던 말이 있었다.

"됐어, 끊어."

두 마디의 짧은 말을 남기고 휴대폰 닫는 소리를 들어야 했던 상대방은 나를 어떻게 생각했을까? 되돌아보면 얼굴이 붉어지고 매우 미안하다. 잠시 동안의 이별이든, 영원한 헤어짐이든 간에 끝을 맺는 것에는 예의가 있다. 나는 그 예의를 몰랐다.

짧다고 무작정 좋은 것만은 아니다. 짧은 말에도 매너가 필요하다. 그런데 나는 이를 무시했다. 이러한 일상의 나의 모습은 직장생활에서도 이어졌고 결국 사람들에게 좋지 못한 평가를 듣기까지 했다. 무엇인가를 끝맺음할 때 '칼 같은 냉정함'이 문제가 되었다. 끝맺음에도 기술이 필요한데, 나는 그것을 우습게 여겼다.

직장인들은 눈에 보이지 않는 수많은 네트워크로 연결되어 있다. 그러하기에 끝맺음이 중요하다. 단순히 평판 조회 때문만이 아니다. 마지막 순간까지 최선을 다하는 모습이 끝맺음의 기술로 완성된다는 걸 알아야 한다.

다니던 회사를 떠나 이직을 한다고 해보자. 전 회사의 팀장이 새 직장의 팀장에게 이런 말을 한다면 어떨 것 같은가?

"A대리? 뭐, 일은 잘하지. 아무튼 나는 별로 그 친구에 대해 할 이야기가 없어."

이 문장은 굉장히 부정적인 의미를 내포한다. '일은 잘하니까 스카우트됐겠지. 그런데 A대리의 다른 점은 내가 설명하긴 좀 그러니까 네가 겪어봐'가 되기 때문이다.

열심히 다 잘해놓고 마무리를 괜히 어설프게 하는 우를 범하지 말자. '아름다운 끝맺음'이란 오늘 사표를 내고 야근까지 하라는 말이 아니다. 남아 있는 사람들의 마음에 좋은 인상을 남기라는 의미다. 그러려면 자신의 부족함을 들을 줄 아는 넓은 마음, 자신에게 도움을 청하는 사람의 목소리를 끝까지 듣는 내공들이 쌓여야 한다.

마무리가 잘되어야 하는 이유가 또 하나 있다. 세상이 좁기 때문이다. 아는 분(A)의 이야기다. 그분은 회사 제휴 업무를 담당했다. 이슈는 많았지만 부서 이동에 따라 2년 이상 관계를 맺었던 회사의 팀장님(B)에게 작별 인사를 하게 됐다. 나름대로는 감사의 표시로 작은 선물도 하나 들고 갔고, 상대의 부하직원들과 일일이 인사를 나눴다.

A: 그동안 도움 주셔서 고맙습니다.

B: 예, 다른 업무를 하시는가 보네요.

A: 네, 정도 많이 들었는데, 아쉽습니다.

B: 당신 때문에 우리 고생 많이 했습니다. 다른 부서에 가서는 그러지 마세요.

A와 B, 둘 사이에 어떤 일이 있었는지는 자세히 알지 못한다. A가 100% 잘못한 경우라고 가정해보자. 아무리 그렇더라도 마지막 순간까지 꼭 그렇게 말해야 했을까? 좀 더 좋은 말로 서로의 수고를 치하해줄 여유는 없었는가!

참고로 이분들, 영영 안 만날 것처럼 '으르렁대면서' 헤어지더니 결국 3년도 안 되어 다시 일하는 관계가 되었단다. 세상은 좁다. 관계는 뒷모습에서 새롭게 시작된다는 것을 잊지 말자. 무작정의 맺고 끊음에 조심해야 할 이유다.

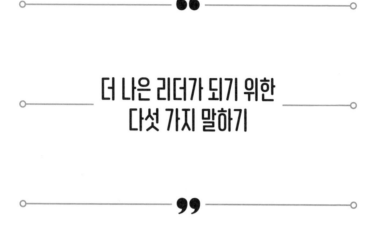

더 나은 리더가 되기 위한
다섯 가지 말하기

좋은 비전을 갖고 열심히 일하는 리더는 많다. 하지만 아무리 좋은 비전을 가져도 조직원의 공감을 얻어야 힘을 발휘하고 아무리 열심히 일해도 조직원이 따라와야 효율이 생긴다. 이런 점에서 좋은 리더의 조건 중 50% 이상은 소통 능력에 달려 있다. 더 나은 리더가 되기 위한 대화법 다섯 가지를 소개해보겠다.

첫째, 복잡하게 말하지 마라

소통은 상대방이 당신의 말을 얼마나 잘 이해하느냐에 달렸다. 전문용어나 화려한 표현은 피하고 쉽고 간결하게 말하라. 복잡하고 예민한 사안일 때는 전달 내용과 원하는 결과를 글로 쓰고 핵심 내용이 한 번에 이해되도록 다듬는다.

둘째, 타이밍이 중요하다

같은 메시지라도 언제 전달하느냐에 따라 상대방에게 엄청나게 다르게 받아들여진다. 당연히 결과도 다르다. 타이밍을 잘 잡기 위해서는 그 말을 통해 원하는 목적이 무엇인지 명확해야 한다. 그에 따라 언제 말하면 좋을지 결정해야 하기 때문이다.

셋째, 비판의 목적도 긍정적인 동기 부여다

살다 보면 상대방에게 듣기 싫은 말을 해야 할 때가 있다. '칭찬은 고래도 춤추게 한다'지만 잘못하고 있는데 잘한다고 칭찬할 수는 없는 노릇이다. 리더는 문제가 있는 부분은 명확히 인식하고 개선을 유도해가야 한다. 다만 잘못 지적이 상대방을 위축시키는 결과를 낳아서는 안 된다. 일을 잘하자는 것이 목적이니 긍정적인 동기 유발이 일어나도록 해야 한다.

"더 잘할 능력이 충분한데 이달에는 좀 힘들었던 모양이네."

이렇게 상대방을 높이면서 사정을 배려해준 뒤 물어야 한다.

"팀에서 도와주거나 지원해줄 일이 있나?"

넷째, 말할 때를 기다리지 말고 진짜 들어라

대부분의 사람이 대화할 때 살펴보면, 타인의 말을 듣는다고는 하지만 실상은 자기가 말할 차례를 기다리는 경우가 많다. 상대방이 말할 때는 진심으로 들어라. 그래야 상대방도 당신의 말을 듣는다.

다섯째, 행동으로 말하라

좋은 소통의 최우선 조건은 진실성이다. 진실성은 말과 행동의 간격에서 확인된다. 말과 행동이 다르면 아무리 좋은 메시지를 딱 맞는 시점에 적절한 방법으로 전달해도 소용이 없다.

"인간의 수준은 의식주 등 경제 요소가 아닌 언어로 결정된다."

독일 실존철학자 마르틴 하이데거의 말이다. 별 뜻 없이 한 말한마디가 자신의 삶을 결정한다. 한 조직의 흥망성쇠도 마찬가지다. 조잡한 언어는 정신을 무너뜨린다. 주변 사람의 몸과 마음까지도 황폐하게 만든다. 더군다나 리더라면 따르는 사람에게 모범적인 언어를 보여야 한다. 간결하게 하지만 따뜻하게.

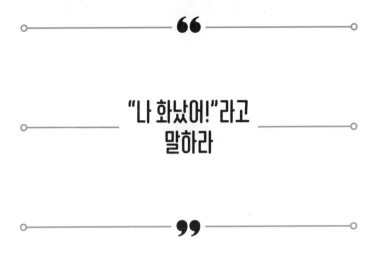

⊙ 펀펀한 뻔뻔 ⊙

"나 화났어!"라고
말하라

독자 한 분이 이런 메일을 보내셨다.

"직장에서 친한 동료나 선후배와 트러블이 발생했을 때, 사실 화
나고 짜증 나지만 그걸 또 그대로 내비쳐서는 안 됩니다. 화가 났
지만 그렇지 않은 듯 포커페이스를 유지하는 마인드 컨트롤 방법
이나 화난 것을 들키지 않는 방법(^^;)이 있을까요?"

나의 답변은 '뻔뻔해져라!'였다.

① 후배와 트러블이 있으면 말해라.

"나, 이러저러해서 화가 났다!"

② 동료와 트러블이 있으면 말해라.

"나, 이러저러해서 화가 났어!"

③ 상사와 트러블이 있으면 말해라.

"저, 이러저러해서 화가 났습니다."

말해야 한다. 말하지 않으면 상대방은 알지 못한다. 이때 빠른 시간 내에 하는 게 중요하다. 가능하면 간결한 문장으로 감정을 드러내는 게 좋다. 최악은 참기만 하다가 결국 분노를 폭발시키는 사람이다. 조직은 이런 사람을 원하지 않는다.

"아니, 어떻게 이런 일까지 제가 해야 합니까? 저도 멋진 일을 하고 싶다고요. 지금에 와서 얘기하지만…."

이렇게 시작하는 순간 말은 길어지고 논리가 사라진다. 회사는 당신을 찌질하게 여긴다. 함부로 분노, 짜증, 화를 내지 말아야 한다. 포커페이스? 그거 아무나 하는 거 아니다.

발상의 전환이 필요하다. 조직에서는 있는 그대로를 받아들이는 거다. 조직에서 '펀펀(fun fun)'하게 살려면 우리는 '뻔뻔'해야 한다. 감정을 솔직하고 담백하게, 확실하게 표현한 다음에는 깔끔하게 정리하고 그 상황을 잊자.

괜히 '왜 저 사람이 나를 화나고 짜증 나게 하는 거지? 어떻게 복수해야 하지?'라면서 정신 자원을 낭비하면 자신만 손해다. 그냥 '조직의 구성원이니 당연히 이런 일도 있는 거지'라고 받아들이는 게 마음 편하다.

물론 이렇게 단순하게 마음을 정리해도 짜증은 난다. 하지만 인정하자. 사람이 사람과 만나는 건 원래 힘든 일이다. 대신 뻔뻔해지자고 다짐하자. 자신을 화나게 한 상대방을 다시 만나면 '도대체 언제 그런 일이 있었지?'라는 표정으로 커뮤니케이션을 하자. 상대방이 '뭐, 저런 사람이 다 있어? 우와, 진짜 뻔뻔하네'라고 생각할 정도로.

관계 유지는 적당한 뻔뻔함 속에서 가능하다. 내 마음대로 하려는 욕심은 버리되, 가끔은 미소 가득한 자신감이 소통을 이끌어낸다. '뻔뻔' 속에서 '펀펀(fun fun)'이 가능함을 알아차릴 때 대화력이 높아진다.

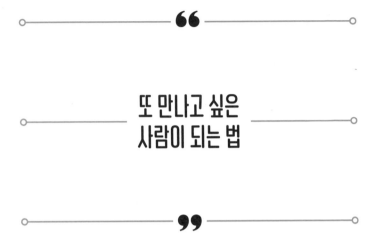

또 만나고 싶은
사람이 되는 법

이왕이면 좋은 사람이 되고 싶다. 좋은 사람이 되는 방법은 여러 가지가 있을 테다. 그중 가장 어렵지만 가장 해볼 만한 것이 '말로 좋은 사람 되기'이다. 길게 말해야 한다? 아니다. 1초 만에 좋은 사람이 되는 말들이 있다. 그러니 외워놓자, '고힘축용사'.

"고마워요."

이 짧은 말에서 사람의 따뜻함을 느낀다.

"힘내세요."

이 짧은 말에서 없던 힘도 되살아난다.

"축하해요."

이 짧은 말로부터 행복이 넘치게 된다.

"용서하세요."

이 짧은 말에서 연민의 감정을 느낀다.

"사랑해요."

이 짧은 말에서 세상의 모든 것을 얻는다.

인간은 참 단순하다. 1초 만에 기뻐하기도 하고 1초 만에 울기도 한다. 그것도 말 한마디에. 내가 누군가에게 좋은 사람으로 기억될지, 나쁜 사람으로 기억될지는 1초면 충분하다. 그러니 늘 기억하고 외우자. 그리고 활용하자.

'고힘축용사'

엄마가 중학생쯤 되어 보이는 남자아이를 데리고 지하철을 탔다. 두 모자(母子)는 내 바로 옆자리에 앉았다. 엄마는 고개 숙인 아들을 몇 정거장이 지날 때까지 그저 지켜보기만 했다. 그 모습이 간절했다. 무슨 일이 있었던 것일까? 그러던 엄마가 작은 목소리로 아들에게 말했다.

"많이 힘들었지? 엄마도 열심히 도와줄 테니까 너도 엄마를 위해서 힘내줄 수 있지?"

아들은 무엇인가 어려움에 처해 있었던 것 같다. 그런 아들에게 믿음직한 사랑의 말을 엄마가 선물한 것 같은 느낌이 들었다. 그래서일까? 유난히 낡은 지하철의 덜컹거림을 불편하게 여기던 내 마음까지 한순간에 편안해졌다.

내 주위의 사람들이 '고맙다, 힘내, 축하해, 용서해, 사랑해'를 입에 달고 살았으면 좋겠다. 물론 그만큼 나부터 먼저 이런 말들을 어색하지 않게 해야겠다고 다짐해본다. '고힘축용사'. 모두 간결한 한마디의 말에 불과하다. 하지만 그 한마디가 세상에 얼마나 아름다운 영향력을 끼치고 있는가. 그 아름다운 영향력을 발휘하는 것에 우리의 말들도 기여하기를 바란다.

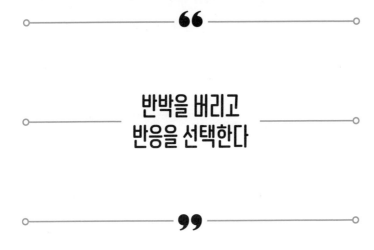

반박을 버리고
반응을 선택한다

세상에서 가장 어려운 일은 역시 '사람 대하기'다. 내 가족이라도 사람의 마음은 알 수가 없다. 알 수 없는 사람의 마음을 지레 짐작해서 말하는 것만큼 어려운 게 있으랴. 어제까지만 해도 모든 것을 도와줄 것 같았던 사람이 오늘은 다른 이야기를 한다. 인상을 쓰던 사람이 이유도 없이 상냥하게 나오기도 한다. 도대체 짐작할 수가 없어서 사람을 대하는 게 어려운가 보다.

대화를 한다는 건 상대방의 변덕에 대한 대비를 포함한다. 특히 일터에서의 대화라면 더욱 그러하다. 상대방이 속한 조직의 방향성에 따라 얼마든지 대화가 틀어질 수 있다. 이런 것까지 염두에 두고 대화를 해야 하니 만만할 리가 없다. 무엇인가를 이루기 위해서는 뭔가 안 통하는 대화가 정상이다.

'말이 안 통해서 힘들어요'라고 하소연하는 친구들에게 내가 하는 조언이 있다.

"어느 조직 혹은 모임에 갔는데 너무나 말이 잘 통한다면 오히려 경계해야 합니다. 둘 중의 하나니까 말이죠. 불법 다단계업체 아니면 사이비 종교단체입니다."

나와 다른 누군가와의 대화는 어려운 게 정상이다. 내가 아닌 타인이기 때문에 어렵다. 그걸 인정하지 않고 '왜 소통이 이렇게 어렵지?'라고 흥분한다면 소통의 기본을 모르는 거다.

'내가 이렇게 잘하는데 왜 나를 알아주지 않지?'

'나는 이렇게 진정성 있게 커뮤니케이션하는데 이 사람은 왜 이러지?'

이렇게 생각하면 자신의 몸과 마음만 상처 입는다. 결국에는 상대방과의 건강한 대화를 방해할 뿐이다.

《장자(莊子)》에 이런 구절이 있다.

"사마귀라는 벌레를 아는가? 수레가 달려오는데 화를 내어 팔을 휘두르며 맞선다. 제 힘으로 감당할 수 없는 것임을 모른다. 자기의 능력을 터무니없이 과신하는 셈이다. 조심하고 신중하라. 스스로의 훌륭함을 자랑하여 거스르는 것은 결국 오래가지 못한다."

상대방에게 팔을 휘두르며 맞서려고만 한 사마귀가 혹시 나는 아니었는지 반성해보자. '내가 분명히 옳은데 왜 이 사람은 이럴까?'라는 상황에 직면하면 상대방, 즉 사람을 고치려 해서는 안 된다. 불가능하다. 바뀌어야 할 것은 상대방이 아니라 나다.

물론 세상에는 '도대체 이유도 없이' 생떼를 부리는 사람이 간혹 아니 종종 있다. 그들은 '아무 이유 없이' 불만을 표시한다. 세상에는 속된 말로 '진상'들이 왜 이렇게 많은지 참 신기할 정도다. 이런 경우를 당신이 겪는다고 해보자.

고객: 이 커피 맛이 엉망이군요.

당신: 다시 뽑아드릴게요. 죄송합니다.

고객: (새로운 커피를 두고) 향이 제가 원하는 게 아닌걸요.

당신: 죄송합니다. 혹시 원하시는 느낌이 있으신지요.

고객: 엉망이에요. 도저히 마실 수가 없는데 주인은 어디 있죠?

당신: ….

아무리 합리적으로 대해도 그들은 지치지 않는다. '진격의 진상 거인'이라고 해야 하나. 이런 사람, 아니 이런 인간을 만나면 '내가 무슨 죄가 있다고 이런 사람들에게 에너지를 낭비해야 하는 걸까?'라는 생각만 든다.

그들은 정말 왜 이러는 걸까? 답은 간단하다. 그런 사람이기 때문에 그러는 거다! 나와 다른 사람이기 때문에 그러는 거다. 그들이 왜 그러는지에 초점을 두면 세상 살기가 계속 점점 더 힘들어진다. 대신 적당한 소통의 기술을 익히고 활용해 이겨내겠다고 다짐하는 게 낫다. 방법은? '진상 퇴치의 3단계'다.

① 진상 퇴치 1단계: '무대응'

세상에서 가장 강력한 대응은 '무대응'이다. 일상적으로 만난 사람과 분쟁이 생겼다면 피하면 된다. 하지만 조직의 구성원으로 진상과 마주치면 무작정의 무대응을 밀고나갈 수만은 없다. 비즈니스 커뮤니케이션은 내가 어느 조직의 구성원으로 상대방은 내가 속한 조직의 고객으로 맞서는 경우를 전제한다. 그러니 다음 단계로 넘어가야 한다.

② 진상 퇴치 2단계: 불만에 대한 공감 & 인정

상대방의 불만에 '반박'하지 마라. '반응'하라. 절대 상대방의 불만에 대해 반박 근거를 대려고 애쓰지 마라.

"매뉴얼대로 잘 뽑았는데 맛이 이상한가요?" (×)

"정말요? 아, 죄송합니다. 추출 시간에 다소 문제가 있었나 봅니다." (○)

상대방이 '이거 개판이야!'라고 말한다면 당신은 '정말 개 같군요!'라고 같이 욕하는 게 차라리 낫다. 상대방이 말한 것보다 더 강하게 상대의 불만에 동조하는 것도 하나의 방법이다.

'앵그리 버드'가 되려 하지 말고 상대가 말하면 따라 하는 '앵무새'로 변신해라. 상대가 A라고 말하면 당신은 AA라고 말해야 한다. 그것이 당신에게 불리하든 유리하든 관계없다. 일명 '맞장구의 힘'을 활용하는 거다. 맞장구란 상대방에 대한 인정의 다른 말이다. 괜히 변명하려 하지 마라. 결국 당신에게 돌아오는 건 또 다른 '트집'일 뿐이다.

'스톱 마인드'가 필요하다. 변명을 중단하는, 아니 참는 능력. 일단 상대방의 말에 공감하고 상대방이 흥분을 가라앉히는 그 순간 이유를 말하라.

"네? 아, 원두는 엊그제 갈았으니 별문제가 없다면, 혹시 기계적인 문제가 있을지도 모르겠습니다. 고맙습니다. 덕분에 다시 한 번 확인할 수 있게 되었습니다. 정말 감사합니다. 제가 맛있게 다시 만들어드릴게요." (O)

그리고 한마디 더하라.

"커피에 대해서 정말 잘 아는 분이신 듯합니다. 앞으로도 많이 말씀해주세요." (O)

상대방의 불만에 공감하고 거기에 인정까지 곁들인다면 이미 상대방은 당신의 커뮤니케이션 주도하에 놓이게 된다. 아마 똑같은 커피를 내놔도(그래서는 곤란하지만) 상대방은 '아, 이제 커피 맛이 제대로네요'라고 말하지 않을까?

③ 진상 퇴치 3단계: '무한반복' 사과 & 감사

사과와 감사는 반복할수록 좋다. 상대방이 무안해할 때까지 해라. 그러면 이긴다. 그렇다, 당신이 승리자다.

"처음부터 맛있는 커피를 뽑았어야 하는데 죄송하네요." (O)

"이번에는 괜찮다니 다행입니다. 덕분에 저도 더 좋은 커피 내리는 법을 배웠습니다." (○)

길게 말할 이유가 없다. 상대방의 말을 인정하고 대응을 세심하게 살펴서 따뜻하게 말하면 된다. '진상'이 '친구'가 될 수도 있는 대화의 기술, 기억해두자.

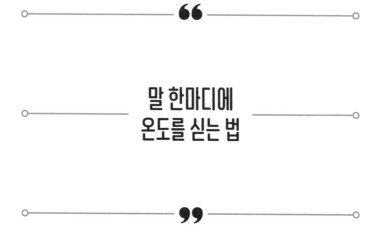

말 한마디에
온도를 싣는 법

내가 신입사원 때의 일이다. 당시 팀장님은 참 괜찮은 분이셨다. 알고 있는 것도 많고, 책임질 줄도 알았다. 하지만 그분의 말투는 아쉬운 점이 있었다. 그는 '당신, 오늘 사업부서와 회의 있다고 했지?', '당신, 저녁에 약속 있나?'처럼 말의 시작에 '당신'이란 단어를 종종 붙였다. '당신'이라는 말을 들을 때마다 거리감이 확 느껴졌다. 생각해보면 이상하다. 원래 '당신'이라는 말은 높임말 아니던가.

'당신'은 다음의 말처럼 부부 사이에서 상대편을 높이는 말로 사용되거나 문어체에서 상대편을 높여 부르는 말이다.

"당신, 새로운 직장에 적응하느라 힘드시죠?"
"당신의 아름다웠던 삶을 잊지 않겠습니다."

언제부터 '당신'이란 말의 뉘앙스가 '맞서 싸울 때 상대편을 낮잡아 이름'으로 변해버렸을까? '당신' 뒤에 상대방을 비난하는 말이 붙기라도 하면 대화의 분위기를 최악으로 만들기까지 한다. 아래처럼 말이다.

"당신, 이게 최선이야?"
"당신이 뭔데 참견이야!"

호칭은 중요하다. 나를 '김범준 님'으로 부르는 사람에게는 왠지 귀를 기울여야 할 것 같은 편안함이 생긴다. '당신'이라고 부르면 왠지 한바탕 붙고 싶거나 아예 거리를 멀리하고 싶어진다. '당신'이라는 말이 본래의 존중의 표현으로 격상되기까지 잠시 이 말의 사용을 보류하는 것이 어떨까 싶다.

이렇듯 단어 하나로도 대화의 전체 분위기에서 차가움과 따뜻함이 결정된다. '당신'이 차가움을 표상한다면, 상대를 배려하는 태도와 말 한마디가 따뜻함을 느끼게 해주기도 한다. 나에게도 그런 경험이 있다.

회사에서 업무를 마치고 퇴근하는데 에스프레소 한 잔이 생각났다. 회사 앞 작은 카페에 갔다. 에스프레소 마키아토를 주문했다. 점원이 자리로 가져다준다고 했다. 5분쯤 지났을까? 작은 쟁반을 내밀며 마키아토를 가져다준 분이 머뭇머뭇 말했다.

"손님, 죄송해요. 제가 아직 미흡해서… 예쁘게 그리고 싶었는데 하트가 모양이 안 예쁘네요."

그제야 눈앞에 놓인 머그컵 속의 우유 거품 위에 그려진 하트가 눈에 들어왔다. 그분 말대로 조금 찌그러져 있었다. 그 솔직하고 따스한 말 한마디에 내 마음이 따뜻해졌다.

"아닙니다. 충분히 예뻐요. 고맙습니다."

집으로 돌아가는 길의 공기가 유난히 상쾌했다. 누군가의 말한마디로 나는 마음이 편해졌다. 즐겁고 기뻤다. '나도 이런 말들을 세상에 많이 퍼트려야 하는데…' 하는 생각이 마음을 가득 채웠다.

그는 모를 것이다. 자신이 세상에 아름다움 한 조각, 따뜻함 두 조각쯤을 퍼트리는 사람이라는 것을. 나도 그런 사람이 되고 싶다. 몇 마디 나누지 않더라도 상대방에게 따뜻함을 느끼게 하는 사람 말이다. 간결하지만 진심이 담긴 아름다운 말을 할 줄 아는 우리가 되었으면 하는 바람이다.

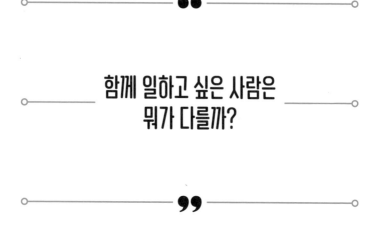

함께 일하고 싶은 사람은
뭐가 다를까?

'자양강장제'를 좋아한다. '자양(滋養)'이란 말은 사전적 의미로 '몸의 영양을 좋게 함'이란 뜻이란다. 어쨌거나 나는 비타500, 박카스, 구론산 등을 즐겨 마신다. 실제로 자양에 도움이 되는지는 모르겠다. 그냥 맛있어서, 나의 만족을 위해 먹는 느낌이다. 잠시나마 힘이 나는 느낌을 받는 것도 사실이다.

그런데 자양강장제보다 더 힘이 나게 만드는 것이 있으니 그건 누군가로부터 듣는 기분 좋은 말이다. 이쯤에서 인정하자. 말을 배운다는 건, 대화의 기술을 습득한다는 건 삶을 살아가는 데 있어 반드시 갖고 있어야 할 기본자세를 배우는 것과 같음을.

《한비자(韓非子)》에는 이런 구절이 나온다.

"예(禮)란 감정을 드러내는 방법으로 모든 의로움을 꾸미는 것이다. 왕과 신하, 아버지와 아들 간의 관계를 만들어내고, 귀함과 천함, 현명함과 어리석음을 분별하는 수단이다. 마음속으로만 흠모해서는 상대방이 깨닫지 못하므로 종종걸음으로 달려가 몸을 낮추어 절을 함으로 그 마음을 나타내는 것이다."

마음? 당연히 중요하다. 하지만 상대를 존중하는 마음을 예를 다해 표현하지 않는다면 아무도 당신의 마음을 알아줄 수 없다.
직장인인 당신이 파트너사와 협상을 마무리하는 단계에 있다고 해보자. 상대에 대한 감사의 마음이 없으면, 마지막까지 예의를 다하는 마음가짐이 없으면, 다음과 같은 말실수가 나온다.

"끝나긴 했는데 찝찝하네요."
"아시죠? 우리가 손해 본 거."
"제가 상사한테 문책당하게 생겼어요. 너무 많이 가져가셨어요."
"여기까지 오긴 왔는데, 사실 정말 힘들었습니다."

그간의 과정이 어쨌든 감사가 아닌 아쉬움의 말을 하는 건 금물이다. 아쉽다 대신, 함께 수고한 상대에게 감사의 마음을 담아 예로써 표현해야 한다. 이는 평소에도 '감사의 마음'이 가득 담긴 말을 습관화하는 것에서 시작된다. 예를 들어 생일, 승진, 경조사 등을 달력에 적어놓고 그때마다 기쁨과 감사의 말 한마디를 하는 습관을 들여야 한다.

유능한 세일즈맨이 되기 위해서는 단순히 상품을 빛나게 소개하는 것만으로는 부족하며, 고객을 빛나게 해야 한다는 말이 있다. 마찬가지다. 대화를 통해 얻어낸 좋은 결과를 상대방에게 돌릴 수 있어야 한다.

"이렇게 끝나서 실장님께 너무나 감사한 마음입니다."

"이번 계약은 힘들었지만 보람이 있습니다."

"다음에도 저에게 많은 도움 주셨으면 합니다."

간결하고 짧은 말투가 좋다고는 하지만 이럴 때만큼은 예외적으로 길게 말해도 된다. 그저 '고맙습니다'로 끝내지 말고 감사의 마음을 길게 풀어서 표현하자. 고마운 이유를 구체적으로 드러내는 것이다. 다음의 사례를 참고해보자.

나: 정말 쉽지 않은 일정이었습니다.

상대: 저도 그렇게 생각합니다.

나: 혹시 진행 과정에서 이것만 잘되면 더 좋았을 게 없으셨나요?

상대: 예, 사실 이러저러한 점이 원활했으면 좀 더 쉽게 되지 않았을까 합니다.

나: 그렇군요. 어려움 속에서도 도와주신 거네요. 고맙습니다.

상대: 그렇게 생각해주시면 저야 감사할 뿐이죠.

나: 마지막 의사결정 과정에서 많은 분들을 설득시켜 주셔서 정말 고맙습니다.

상대: 에이, 별 말씀을.

나: 마지막 결론의 순간까지 도와주신 분은 저도 처음 뵙습니다. 제가 행운아입니다.

상대: 고맙습니다.

대화력은 '꾸미는 것'을 잘하는 것에도 존재한다. 무엇을 꾸밀 것인가? 상대방을 향한 감사의 마음을 아낌없이, 그 마음 이상으로 꾸미는 말투를 써보자. 이런 선물은 마구 해줘도 나쁘지 않다. 부작용도 없다. 그러니 아낌없이 베풀어보기를 바란다.

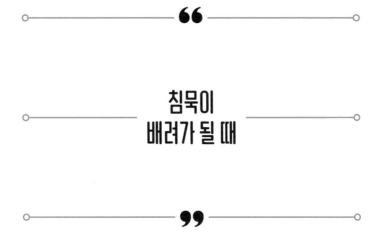

침묵이
배려가 될 때

오래 전에 본 영화 한 편이 생각난다. 제목은 〈달마야 놀자〉였다. 스님과 (조직폭력배) 형님이 소위 '맞짱'을 뜨는, 그러면서도 그럭저럭 모양 좋게 어울리는 코미디다. 세상살이와 동떨어진 고요한 산사를 무대로 단순하고 과격한 '형님들'과 심신수행에 정진하는 '스님들'이 자존심을 건 한판대결을 벌이다 서로를 포용해가는 과정이 영화 전편에 걸쳐 경쾌하게 나타난다.

내게 가장 코믹했던 장면은 스님들과 형님들이 벌인 5판 3승제 격돌이었다. '절에서 더 머물러야겠다'는 조폭들과 '이곳에서 당장 떠나라'는 스님들은 3,000배, 족구, 고스톱, 잠수, 369게임을 벌인다.

압권은 369게임 중 묵언수행을 하던 한 스님이 내뱉는 말이다. "너, 사백에서 박수 쳤어."

절로 웃음보가 터졌다. '묵언수행', 즉 말을 하지 않는 것이 수행이라는 것도 그때 처음 알았다. '침묵(沈默)은 금이다'라는 말이야 애초에 많이 들어왔지만 그것이 수행으로 연결된다는 것을 알게 된 때였다.

말은 한번 뱉으면 주워 담을 수 없어 일상에서 일을 그르치거나 상대방의 마음을 다치게 하는 일이 많다. 묵언수행을 통해 언어의 소중함을 깨닫는 시간은 스님들도 일종의 수행으로 생각할 만큼 가치 있는 일이라는 뜻이겠다.

묵언수행은 말실수를 막겠다는 오로지 자기 자신만을 위한 것이라 생각할 수 있지만, 누군가에게 피해를 주지 않으려는 의미도 담겼다. 나는 그 수행의 진정한 의미를 알기 전에는 묵언수행이 극히 개인적인 목적을 위한 수행법이라고 생각했다. 그러다 한 스님의 인터뷰 기사를 읽고 그 생각이 틀렸음을 깨달았다.

"내가 스스로 말을 하지 않다 보니 오히려 침묵과 적막의 힘도 알게 됐다. 가끔 우는 매미 소리만이 적막에 싸인 숲을 흔들지만, 숲은 미동도 하지 않고 자욱한 안개 속으로 빨려 들어간다. 이렇게 적막에 싸인 숲은 어떤 때는 경이롭기까지 하다. 묵언이 꼭 나를 위한 행동만은 아니다. 심한 말로 옆방의 개미 기어가는 소리까지 들릴 정도다. 이를 통해 내가 내는 사소한 소리까지도 적막을 깨트려 옆방 스님에게 방해가 될 수 있다는 것을 알았다. 묵언은 남을 배려하는 마음이다."

_《조선일보》(2013년 7월 27일)

'묵언은 즉 배려'라는 공식이다. 정말 멋지다. 스님은 묵언 그 자체를 '도'와 연결시키기까지 했다. '도본무언(道本無言)' 즉 '도는 본래 말이 없다'면서 조언한다.

"요즘은 말이 많은 시대다. 어디서든 말 한마디에 시비가 붙는다. 모든 화의 근본은 말이니, 말을 줄이는 게 수행에는 도움이 된다."

말이 많은 시대, 말 때문에 화를 부르는 시대, 이럴 때 우리에게 필요한 것은 잠시 말을 참아내는 훈련이 아닐까? 처음에는 어색하고 불편하게 느끼겠지만 그 훈련을 마칠 때쯤에는 내면의 자신을 끊임없이 바라보게 되고, 밖으로 자연과 하나 된 스스로의 모습을 발견하면서 뿌듯하게 여기지 않을까 싶다.

개인적으로 바라기는 묵언수행을 통해 두 가지를 듣고 싶다. 지금 들을 수 있음에도 듣지 못하고 있었던 것을 듣고, 지금 듣고 싶지만 들을 수 없는 소리를 듣고 싶다.

첫째, 지금 들을 수 있음에도 듣지 못하고 있었던 것은 내 주변의 사랑하는 사람이 나를 향해 하는 말들이다. 둘째, 지금 듣고 싶지만 들을 수 없는 소리는 오래 전 어머니가 가끔 건네던 나에 대한 믿음 가득한 사랑의 말씀이다.

이런 묵언수행을 통해 모든 사람과 사물에 대해 사랑하는 마음을 일으키고 세상을 향해 아름다운 미소 한 번쯤 여유 있게 보낼 수 있는 내가 되고 싶다.

"대화에서 이기는 것보다 중요한 건,
함께하고 싶은 사람이 되는 겁니다!"